A nova des-ordem mundial

FUNDAÇÃO EDITORA DA UNESP

Presidente do Conselho Curador
Mário Sérgio Vasconcelos

Diretor-Presidente
Jézio Hernani Bomfim Gutierre

Superintendente Administrativo e Financeiro
William de Souza Agostinho

Conselho Editorial Acadêmico
Danilo Rothberg
João Luís Cardoso Tápias Ceccantini
Luiz Fernando Ayerbe
Marcelo Takeshi Yamashita
Maria Cristina Pereira Lima
Milton Terumitsu Sogabe
Newton La Scala Júnior
Pedro Angelo Pagni
Renata Junqueira de Souza
Rosa Maria Feiteiro Cavalari

Editores-Adjuntos
Anderson Nobara
Leandro Rodrigues

COORDENAÇÃO DA COLEÇÃO PARADIDÁTICOS

João Luís C. T. Ceccantini

Raquel Lazzari Leite Barbosa
Ernesta Zamboni
Raul Borges Guimarães
Marco Aurélio Nogueira (Série Poder)

ROGÉRIO HAESBAERT
CARLOS WALTER PORTO-GONÇALVES

A nova des-ordem mundial

COLEÇÃO PARADIDÁTICOS
SÉRIE PODER

© 2005 Editora UNESP

Direitos de publicação reservados à:
Fundação Editora da UNESP (FEU)
Praça da Sé, 108
01001-900 – São Paulo – SP
Tel.: (0xx11) 3242-7171
Fax: (0xx11) 3242-7172
www.editoraunesp.com.br
www.livrariaunesp.com.br
feu@editora.unesp.br

CIP – Brasil. Catalogação na fonte
Sindicato Nacional dos Editores de Livros, RJ

C875n

Costa, Rogério H. da (Rogério Haesbaert da), 1958- A nova des-ordem mundial / Rogério Haesbaert, Carlos Walter Porto--Gonçalves. São Paulo: Editora UNESP, 2006
160p. : il. - (Paradidáticos. Série Poder)

ISBN 85-7139-698-1

1. Política internacional. 2. Geografia política. 3. Geografia econômica. 4. Geopolítica. I. Porto-Gonçalves, Carlos Walter, 1949-. II. Título. III. Série

06-3407.   CDD 327

                                                        CDU 327

EDITORA AFILIADA:

A COLEÇÃO PARADIDÁTICOS UNESP

A Coleção Paradidáticos foi delineada pela Editora UNESP com o objetivo de tornar acessíveis a um amplo público obras sobre *ciência* e *cultura*, produzidas por destacados pesquisadores do meio acadêmico brasileiro.

Os autores da Coleção aceitaram o desafio de tratar de conceitos e questões de grande complexidade presentes no debate científico e cultural de nosso tempo, valendo-se de abordagens rigorosas dos temas focalizados e, ao mesmo tempo, sempre buscando uma linguagem objetiva e despretensiosa.

Na parte final de cada volume, o leitor tem à sua disposição um *Glossário*, um conjunto de *Sugestões de leitura* e algumas *Questões para reflexão e debate*.

O *Glossário* não ambiciona a exaustividade nem pretende substituir o caminho pessoal que todo leitor arguto e criativo percorre, ao dirigir-se a dicionários, enciclopédias, *sites* da Internet e tantas outras fontes, no intuito de expandir os sentidos da leitura que se propõe. O tópico, na realidade, procura explicitar com maior detalhe aqueles conceitos, acepções e dados contextuais valorizados pelos próprios autores de cada obra.

As *Sugestões de leitura* apresentam-se como um complemento das notas bibliográficas disseminadas ao longo do texto, correspondendo a um convite, por parte dos autores, para que o leitor aprofunde cada vez mais seus conhecimentos sobre os temas tratados, segundo uma perspectiva seletiva do que há de mais relevante sobre um dado assunto.

As *Questões para reflexão e debate* pretendem provocar intelectualmente o leitor e auxiliá-lo no processo de avaliação da leitura realizada, na sistematização das informações absorvidas e na ampliação de seus horizontes. Isso, tanto para o contexto de leitura individual quanto para as situações de socialização da leitura, como aquelas realizadas no ambiente escolar.

A Coleção pretende, assim, criar condições propícias para a iniciação dos leitores em temas científicos e culturais significativos e para que tenham acesso irrestrito a conhecimentos socialmente relevantes e pertinentes, capazes de motivar as novas gerações para a pesquisa.

SUMÁRIO

INTRODUÇÃO 9

CAPÍTULO 1
A constituição do sistema-mundo moderno-colonial 13

CAPÍTULO 2
A des-ordem econômica mundial:
a nova divisão internacional do trabalho 31

CAPÍTULO 3
A des-ordem política mundial:
os novos espaços do poder 51

CAPÍTULO 4
A des-ordem cultural mundial:
"choque de civilizações" ou hibridismo cultural? 85

CAPÍTULO 5
A des-ordem ambiental planetária 105

CAPÍTULO 6
Entre territórios, redes e aglomerados de exclusão:
uma nova regionalização é possível? 131

GLOSSÁRIO 147

SUGESTÕES DE LEITURA 153

QUESTÕES PARA REFLEXÃO E DEBATE 157

INTRODUÇÃO

Os últimos quinze anos constituíram um dos períodos em que a história, condensada numa multiplicidade de acontecimentos, muitos deles totalmente imprevisíveis – a começar pela queda do muro de Berlim e "terminando" com o ataque às torres gêmeas de Nova York –, reuniu novos e velhos tempos, configurando uma nova e muito mais complexa geografia do mundo. Enquanto muros e símbolos de uma época se dissolvem, muitos outros materializam-se no novo espaço planetário. O muro Leste-Oeste sucumbe, ao mesmo tempo em que novos muros Norte-Sul se levantam; o World Trade Center nova-iorquino desaba, ao passo que as torres gêmeas de Kuala Lumpur e o projeto de torres e edifícios "maiores do mundo" na China reafirmam o novo poder do Oriente.

Que geografia é essa, que parece recuar e avançar pelo tempo, em múltiplas velocidades que sugerem simultaneamente avanços e retrocessos, união e fragmentação, ordem e desordem? Alguns afirmam que o mundo vive neste início do século XXI o embate entre duas formas distintas de organizar o espaço: uma, pautada na lógica territorial clássica, zonal, de controle de áreas e fronteiras, dominada pelo Estado-nação westfaliano (em alusão aos acordos de Westfália firmados na Europa do século XVII); outra, centrada na lógica globalizadora das redes ou lógica reticular, de fluxos e conexões, também fundada com o mundo moderno (a começar pelas grandes navegações, no século XVI).

Teríamos, assim, um processo com tendência a formar uma sociedade e, por que não, um território-mundo, sobretudo em razão da rede capitalista que se difunde pelos quatro cantos do planeta, e que ao mesmo tempo se fragmenta em novos territórios nacionais e regionais (como no caso de países do ex-bloco socialista, como a União Soviética e a Iugoslávia). É como se um capitalismo globalmente integrado – que podemos denominar também de globalização neoliberal – se impusesse sobre o capitalismo organizado em fortes bases nacionais, sem, contudo, superá-lo, ao contrário do que pregam alguns.

Desenha-se, então, no interior da aparente ordem e estabilidade manifestada pelos traços políticos do novo mapa do mundo, um processo de reconstrução de territórios (no caso, pela reformulação de fronteiras), que permite identificar faixas de instabilidade planetária, principalmente no interior do continente africano, no Oriente Médio, no Cáucaso, no Afeganistão e em algumas áreas isoladas do sul da Ásia.

Da mesma forma, para além das grandes redes "legais" da ordem econômica, que também consolidam novos espaços internacionais dos quais o mais estruturado é o da União Europeia, surgem múltiplas redes "ilegais" ou clandestinas que tornam ainda mais complexa e instável a nova geografia do mundo.

Há momentos, como o que vivemos na atual quadra histórica, em que as contradições emanam de modo muito intenso, indicando que determinada estrutura está se dissipando, determinada ordem não está conseguindo reproduzir-se como tal. Afinal, os princípios de soberania que brotam de

Westfália estavam presentes na criação da ONU, trezentos anos depois, em 1948. Mas à época, o soberano ainda era o rei e não o povo, e a razão de Estado era a Razão, acima das outras razões, assim como a ordem colonial da modernidade permanecia intacta. As lutas do(a)s indígenas e do(a)s negro(a)s pela liberdade travadas desde o início do mundo moderno, assim como as lutas camponesas na própria Europa, são constitutivas desse mundo moderno-colonial, apesar de não estarem representadas nas ordenações jurídicas internacionais, a não ser como objeto do controle dos Estados.

O pós-Segunda Guerra instaura regimes de produção de poder com configurações territoriais contraditórias, como o Estado nacional, o Imperialismo e, no dizer de Negri & Hardt (2001), o "Império desterritorializado", que se quer uma ordem global supranacional, conjugada à "multidão" de múltiplos protagonistas, trabalhadores de todos os matizes, que, ao contrário do poder dito extraterritorial da globalização, são portadores de novas e ricas territorialidades.

É esse jogo entre ordem e desordem mundial, sob o olhar geográfico, que pretendemos desvendar aqui. E não apenas sob o prisma "dominante", ou seja, dos atores hegemônicos que desenham seus territórios e suas redes pelo mundo, pois partimos do entendimento de que as redes (sobretudo as redes globais) e os territórios (nacionais, principalmente), dependendo dos interesses de quem os produz, podem servir tanto para unir como para fragmentar o mundo, para agravar (como tem predominado) ou para melhorar as condições da vida humana.

Assim como o mundo inteiro, hoje, parece mergulhar em uma rede comum de valores, individualista-consumista, e em um mesmo mercado de trabalho, em que as desigualdades e a exclusão socioespacial têm-se acentuado, também surgem resistências. Resistências que não acontecem apenas pela defesa de territórios culturais próprios, muitas vezes opressivos (como no caso de certo tipo de islamismo), mas também pela organização de novas redes – ou novos "territórios-rede" – como muitas que defendem hoje causas ecológicas, indígenas e de tantos outros grupos oprimidos e/ou excluídos ao longo do planeta. É a esses grupos que dedicamos este trabalho, pois acreditamos que a verdadeira reflexão intelectual não pode ser pautada por fronteiras rígidas entre teoria e prática, "academia" e sociedade.

Como geógrafos, entendemos o território numa perspectiva social que integra tanto a sua dimensão concreta, político-econômica, mais tradicional, quanto a sua dimensão simbólica, cultural-identitária, ou, em termos lefebvrianos, tanto a dominação quanto a apropriação do espaço. Com base nessa concepção integradora, optamos por focalizar a nova des-ordem mundial a partir de suas múltiplas dimensões enfatizadas (nunca separadas) em partes distintas ao longo do texto – econômica (Capítulo 2), política (Capítulo 3), cultural (Capítulo 4) e ambiental (Capítulo 5) – concluindo com uma proposta de regionalização do espaço mundial contemporâneo. Tudo isso sob a indispensável ligação com a história (priorizada no Capítulo 1), pois, tal como afirmava o geógrafo e anarquista Élisee Reclus, "a Geografia não é outra coisa senão a História no espaço, assim como a História é a Geografia no tempo".

■

1 A constituição do sistema-mundo moderno-colonial

Fomos habituados a pensar e sentir o mundo como se fosse natural a existência de uma determinada geografia com países, fronteiras e relações. Entretanto, essa forma de organização do espaço geográfico em Estados, com suas fronteiras territoriais nítidas e reconhecidas, está longe de ser um produto "natural". Ao contrário, trata-se de uma *invenção* histórica europeia que, depois, se generalizou para o mundo como parte do colonialismo e do imperialismo, enfim, como parte da constituição de um grande sistema estatal, o "sistema-mundo moderno-colonial". A crise do Estado territorial com que hoje nos defrontamos impõe-nos, para ser superada, a compreensão da constituição desse sistema--mundo moderno-colonial do qual ele é parte constitutiva.

Sublinhemos que nenhuma sociedade escapa da dimensão territorial. O território é, sempre, também abrigo e proteção. No caso da espécie humana, o território é abrigo e proteção em duplo sentido: simbólico e material. Fernando Pessoa disse certa vez: "minha pátria é minha língua". De fato, por meio de nossa língua, as coisas materiais ganham sentido, tornam-se, em mais de um sentido, próprias. Nomear cada coisa, cada lugar, é um modo de nos apropriarmos do espaço, de nos territorializarmos. Assim é que o território que habitamos nos parece algo natural. Entretanto, todo território é uma criação e, em especial no caso de nossa espécie, uma criação histórica que, como tal, traz dentro de si os processos e sujeitos que protagonizaram sua instituição.

Assim, toda a questão parece residir na conformação das territorialidades. As fronteiras, como limites, trazem nelas mesmas o *front*, seja ele diplomático ou militar. E a fronteira é, quase sempre, a consagração de determinada correlação de forças políticas e, como tal, tende a esconder o *front* (a disputa) que a engendrou, naturalizando-a. Então, diz-se que o rio A ou a cordilheira Z fazem a fronteira entre os países X e Y, como se fossem as cordilheiras ou os rios que fizessem as fronteiras que os homens e mulheres estabeleceram para si.

Toda sociedade, ao se constituir, no mesmo movimento, conforma seu espaço. Dessa maneira, o território não é externo à sociedade que o constitui. Ele a abriga com suas contradições e, por isso, contém, sempre, múltiplas territorialidades em potencial. Em outras palavras, não há território que não seja instituído; cada território é, sempre, abrigo e proteção para os sujeitos que, por meio dele, se fazem a si mesmos. A crise do Estado territorial nacional, tal como o concebemos hoje, é a crise dos protagonistas que se fizeram a si mesmos por meio dele: a burocracia jurídica normativa (tornando legal a propriedade privada), os gestores civis (estatísticos, geógrafos, entre outros) e militares, a burguesia nas suas diversas facetas (comercial, industrial e, mais ambiguamente, financeira), os conquistadores, as oligarquias latifundiárias e os colonos que o conformaram e, contraditoriamente, os sujeitos e protagonistas que se constituíram resistindo com/contra este território sob a hegemonia desta territorialidade moderno-colonial.

Até 1453-92, não se podia falar de mundo no mesmo sentido que falamos hoje, até porque a ideia de que vivíamos em um planeta, com a forma que viríamos a chamar de um globo, não era disseminada. Os europeus nos ensinaram a chamar a geografia de então de "mundo conhecido", esquecendo de alertar-nos que era o mundo conhecido por eles, europeus e, diga-se de passagem, por um segmento específico – a nobreza, o clero e uma nascente burguesia mercantil. Daí ser mais preciso falar que fazemos parte de um mundo de singularidades e não de regiões que pressupõem um todo.

As contradições com que se debatia a Europa na sua Idade Média ensejaram uma solução que, mais tarde, viria se constituir na forma geográfica por excelência das sociedades modernas (e coloniais) – o Estado territorial (vide Capítulo 3). Como demonstrou Perry Anderson, não houve um caminho único desde que Portugal se constituiu como o primeiro Estado territorial, ainda em pleno século XIII. Entretanto, é possível identificar certos processos e sujeitos instituintes que levaram à criação dos Estados territoriais, cuja compreensão, acreditamos, pode contribuir muito na superação da crise com que o Estado territorial se defronta atualmente. Afinal, esta história *atua*, é atual.

> A Europa na sua Idade Média tinha seu mapa político constituído por uma rede inextricável de sobreposições e emaranhados em que diferentes instâncias jurídicas se entrelaçavam e estratificavam e onde abundavam vassalagens plurais, suseranias assimétricas e enclaves anômalos. Neste labirinto intrincado não existia a possibilidade do aparecimento de um sistema diplomático formal, uma vez que não havia uniformidade ou paridade dos parceiros.[1]

A revitalização do direito romano, que esteve na base da organização dos Estados territoriais modernos, assentou-se

---
[1] Ver ANDERSON, P. *Linhagens do Estado absolutista*. Porto: Afrontamento, 1984. p.39-40.

na tendência dos governos reais para uma crescente centralização do poder. Assim, a nova conformação territorial que se desenhou por meio do Estado absolutista foi, como disse Perry Anderson, "um aparelho de dominação feudal alargado e reforçado, destinado a fixar as massas camponesas na sua posição social tradicional, a despeito e contra a comutação alargada das suas obrigações ... era a nova carapaça política de uma nobreza atemorizada" (ibidem). Essa imposição, sublinhe-se, fez-se contra o chamado direito consuetudinário que, exatamente por ser direito dos costumes, era o direito dos homens e mulheres comuns, das gentes não letradas, um direito local, não universal. Não estranhemos, pois, quando, hoje em dia, a questão do lugar ganha novamente sentido por meio de sujeitos sociais como os povos originários, camponeses e afrodescendentes (quilombos, *pallenques*, *hip hop*), entre outros.

É interessante observar que a instituição da servidão na Idade Média – como renda-trabalho (corveia) e renda-produto (parceria), como mecanismo de extração de excedentes –, ao aliar a exploração econômica e a coerção político legal no nível molecular da aldeia, conformava uma territorialidade fragmentária. Com a comutação generalizada das prestações em renda-dinheiro, a unidade celular de opressão política e econômica dos camponeses foi gravemente enfraquecida e ameaçada de dissociação. O poder de classe dos senhores feudais, portanto, perigava com o desaparecimento gradual da renda-trabalho e da renda-produto.

Resultou daí um deslocamento da coerção político-legal, de sentido ascendente, para uma cúpula centralizada, militarizada: o Estado absolutista. Difusa no nível da aldeia, ela tornou-se concentrada num patamar "nacional". O resultado foi um aparelho reforçado de poder real, cuja função política permanente era a repressão das massas camponesas e plebeias na base da hierarquia social. Os novos impostos criados pelos Estados absolutistas chegaram a ser denominados "renda feudal centralizada", por oposição às prestações senhoriais, que constituíam uma "renda feudal local". O efeito final dessa reorganização do poder foi a máquina política e a ordem jurídica do absolutismo, cuja coordenação iria aumentar a eficácia do domínio aristocrático ao fixar os camponeses não servos em novas formas de dependência e exploração. As monarquias da Renascença foram antes e acima de tudo instrumentos modernizados para a manutenção da dominação da nobreza sobre as massas rurais, conforme nos ensina Perry Anderson em *Linhagens do Estado absolutista*.

As lutas camponesas que ameaçavam a ordem senhorial e sua territorialidade fragmentária estavam subjacentes à ordem centralizada no Estado nascente sob a hegemonia de uma nobreza atemorizada. Emergiu então uma nova ordem territorial, estatal, em contraste com o sistema medieval. Este moderno sistema de governo consistiu na institucionalização da autoridade pública em domínios jurisdicionais mutuamente excludentes. Os direitos de propriedade privada e os direitos de governo público tornam-se absolutos e distintos; as jurisdições políticas tornam-se exclusivas e são claramente demarcadas por fronteiras; a mobilidade das elites dominantes pelas jurisdições políticas torna-se mais lenta e acaba por ser suspensa; a lei, a religião e os costumes tornam-se "nacionais", ou seja, não sujeitos a nenhuma outra autoridade política senão a do soberano. Como disse Balibar:

> uma divisão completa (sem "omissões") e não passível de sobreposição do território e das populações (e, portanto, dos recursos) do mundo entre as entidades políticas é pré-requisito para a correspondência entre a forma nacional e todos os outros fenômenos para os quais ela tende. ... Para cada indivíduo, uma nação, e para cada nação, seus "nacionais".[2]

---

2 BALIBAR, E. The Nation form: history and ideology. *Review*, v.13, n.3, p.337, 1990.

Estamos, pois, diante de um processo de mudança: de uma ordem fundada numa territorialidade fragmentária, com base na propriedade condicional – a medieval –, para uma nova territorialidade estatal, centralizada, que tem como base a propriedade privada, singular e incondicional da terra; em linguagem latina, *superficie solo cedit*.

Assim, a geografia política atual se constituiu mediante um duplo movimento articulado: um, no *front* interno, com os Estados territoriais modernos formando-se a partir do controle sobre os camponeses, da propriedade privada absoluta e incondicional e da soberania absoluta do monarca. E, no *front* externo, mediante a conquista colonial, com a reinvenção moderna da escravidão para fins mercantis na América, com o deslocamento forçado de negros e negras da África, com a servidão, depois da quase dizimação indígena na América; enfim, com a invenção, pela modernidade, da colonialidade. Eis, aqui, uma questão central constitutiva da ordem (contraditória) mundial ensejada desde o Renascimento e o Colonialismo: estamos, desde 1453-92, diante não só da constituição de um sistema-mundo, mas, também, de um sistema-mundo que é *moderno-colonial*.

Até 1453, o que havia de contato entre o Oriente e o Ocidente tinha seu eixo no que hoje chamamos Oriente Médio e Próximo. Assim, a tomada de Constantinopla (Istambul) pelos turcos foi o estímulo para que os financistas e grandes comerciantes de Gênova, Milão, Turim e Veneza (que, diga-se de passagem, ainda não era Itália) buscassem novas rotas para os seus negócios.

A Europa, vê-se, não era o centro do mundo. Aliás, todo o legado que os europeus vão considerar próprio, como a tradição da filosofia grega, chegou-lhes por mãos árabes, sobretudo através da Península Ibérica, com a presença moura. A obra de Aristóteles, por exemplo, só chegou a Paris no século XII por meio de uma tradução vinda de Toledo, Espanha.

Relembremos, ainda, que Alexandria, no Egito, abrigara a biblioteca que reunia todo o acervo da cultura helênica. Reivindicar-se de tradição grega, como o faz o Ocidente europeu, é reconhecer toda a riqueza de uma outra matriz civilizatória com enorme tradição, que é o Oriente.

A ideia de "Novo Mundo", bem como toda a obsessão pelo "novo", que tanto marcará a chamada Modernidade, o imaginário europeu ocidental desde o Renascimento e o colonialismo, deveu-se à necessidade de afirmação frente ao "Mundo Antigo" – o Oriente. Os europeus vão brandir a América como a expressão do Novo Mundo e, com isso, contraditoriamente, deixam escapar que foi essa América que lhes serviu não só de contraponto ao Oriente, mas, sobretudo, de suporte para que se pudessem afirmar como centro geopolítico e cultural do mundo. É a riqueza em ouro e prata saqueada de povos milenares como os quéchuas, aimarás, zapotecas, mixtecos, caribes, mapuches, tupis, guaranis e tantos outros, organizados/subordinados ou não em impérios, como o inca, o maia e o asteca, aliada à comercialização e escravização para fins mercantis de vários povos africanos, que permitirá aos europeus concentrarem tanta riqueza e poder para se contraporem ao Oriente e se imporem ao mundo.

Vê-se, desse modo, que o mundo moderno não é compreensível sem a colonialidade. Daí dizermos, sempre, aqui, que vivemos um sistema-mundo moderno-colonial, e não simplesmente um mundo moderno. Com isso, podemos superar a visão eurocêntrica de mundo sem que a substituamos por uma centrada no outro polo, o colonial, e sem que permaneçamos prisioneiros da mesma polaridade (a Europa e... o resto). O que aqui sustentamos é que não há um polo ativo, a Europa, e outro passivo e mera vítima da história, que é o lado colonial. É preciso superar esta visão de um protagonismo exclusivo dos europeus e tomar os diferentes povos e lugares como constitutivos do mundo. Na verdade, trata-se de uma visão provinciana, posto que se acredita que só uma província, a Europa, é protagonista no (e do) mundo. É o espaço-mundo em sua totalidade que precisa ser levado em conta, para que possamos entender por que o pensamento europeu privilegia o tempo em detrimento do espaço. Desse modo, os europeus puderam se considerar avançados em relação a outros povos e regiões que seriam atrasados e, para isso, reduziram as diferentes temporalidades do mundo ao seu próprio tempo, ao seu relógio que, acreditaram, seria universal. Marcaram a Terra e tentaram impor-lhe uma "ordem", ora com o meridiano de Tordesilhas, com o qual o Papa, em nome de Deus, dividiu o mundo entre Portugal e Espanha (1493), ora com o meridiano de Greenwich, quando a Europa Norte Atlântica resolveu marcar a Terra com seu próprio meridiano, a partir de um subúrbio de Londres, Greenwich (1884).

Há um poder marcando a Terra (geo+grafia), impondo ao mundo um princípio, um marco zero. Tordesilhas e Greenwich são a expressão da disputa pela hegemonia no mundo moderno-colonial. De início, sob o manto da Cruz e das finanças do comércio – o mundo sob a hegemonia ibérica de Tordesilhas – e, depois, sob o manto da ciência e das finanças da indústria – o mundo sob a hegemonia inglesa. Ambas, entretanto, com uma boa armada dando suporte à Igreja, à Técnica (Ciência) e ao Dinheiro. Afinal, sem esta tecnologia de guerra em evolução permanente não se conseguiria dominar tão vastos territórios. Tecnologia, desde então e cada vez mais, é poder (ver Capítulo 5).

Na verdade, estamos diante da constituição de um mundo contraditório. Afinal, não fosse a América com seus povos e suas riquezas tão importante, não teria nenhum sentido a sua dominação pelos europeus. É a importância do que é dominado, dos que são dominados, a razão de ser da dominação; há, sempre, o primado do dominado que, potencialmente, pode viver sem a dominação, ao contrário do dominador, cuja potência é a dominação. Como não há relação que não seja contato, não há dominação sem resistência, não há dominação sem atrito. Afinal, é preciso tocar no que é dominado e o atrito está presente mesmo no afago, con-tato.

Há sempre, é claro, entre os dominados, mais do que aquilo que neles veem os dominadores. Afinal, os povos originários e os afrodescendentes sequestrados e traficados para a América são mais do que ouro e prata, cana, tabaco ou algodão, assim como são mais do que *mão* de obra: são corpo inteiro e exatamente por isso sempre resistiram, (r)existiram.

A forma estatal desse sistema-mundo moderno-colonial será consagrada em Westfália, em 1648. Aqui, mais uma vez, vê-se toda a contradição que o mundo atual herdará, posto que se institui uma ordem interestatal num momento em que a maior parte dos povos do mundo estava submetida a uma ordem abertamente colonial. Assim, Westfália afirma a soberania num momento em que o estatuto colonial – portanto, da mais completa negação da soberania – dominava a maior parte do mundo: a América, a África e a Ásia.

Já no século XVIII, os colonos ingleses inauguram com os Estados Unidos da América uma nova página na geografia mundial, com sua revolução de independência (1776), a primeira luta de libertação nacional bem-sucedida. Logo se veriam envolvidos nessa clivagem contraditória sociorracial que estrutura o sistema-mundo moderno-colonial desde sempre: como falar de liberdade em meio à escravidão, como justificar que alguém seja oprimido e explorado tendo como justificativa sua cor de pele? Eis uma das maiores contradições inventadas pela modernidade-colonial que hoje vemos, por todo lado, implodir. Nos EUA, nos informam Negri & Hardt, chegou-se a admitir que, para efeitos eleitorais, um negro valeria três quintos de um branco. Foi preciso muita imaginação, senzalas, chibatas e pelourinhos, para impor essa ordem.

Logo depois, em 1804, o Haiti voltará a expor essa mesma chaga. É que a Independência do Haiti, liderada por Toussaint Loverture, foi a primeira a tentar romper não só com o colonialismo, mas, também, com a colonialidade, na medida em que foi obra dos próprios negros. À época, o pânico do haitianismo tomou conta não só das elites colonizadoras europeias, como das elites *criollas*, que temiam uma independência radical, isto é, que se eliminassem a escravidão e a servidão. O mito da democracia racial, da miscigenação e mestiçagem entre todas as raças bem vale uma missa!

Ao contrário do Haiti, em todos os demais países da América a independência foi comandada por brancos e seus descendentes *criollos*, que não somavam mais de 10% da população. Nesses países, as elites *criollas* continuaram submetendo negros e indígenas à escravidão e à servidão. Aníbal Quijano chega a dizer que aos indígenas e negros foi negada, até mesmo, a condição de serem explorados como assalariados, condição que era exclusiva de brancos. A colonialidade do pensamento e das práticas sobreviveu ao fim do colonialismo, e por meio dela continuamos a fazer um enorme esforço para sermos de "primeiro mundo", para mostrarmos que não somos índios, tendo mais vergonha de nos parecermos com os povos originários do que vergonha do etnocídio que contra eles praticamos.

A revolução por que passa a Europa Norte Ocidental, a partir da segunda metade do século XVIII, permite-nos vislumbrar o profundo significado da revolução tecnológica que a sociedade europeia põe em curso, sobretudo pela nova configuração de poder na ordem mundial, pelo papel protagônico que nela passa a desempenhar a burguesia industrial. Aliás, deveríamos considerar com mais atenção que a revolução tecnológica não é externa às relações sociais e de poder. Ao contrário, ela é parte dessas relações e, por isso, entre as muitas revoluções técnicas possíveis, temos esta e não outra. É preciso desnaturalizar a técnica, enfim libertá-la dessa visão que fala de uma revolução tecnológica em curso sem se perguntar quem põe em curso essa revolução.

A burguesia mercantil e as monarquias centralizadas ibéricas desde o Renascimento já haviam se apropriado de conhecimentos vários, vindos do Extremo Oriente e do Oriente Próximo – a cartografia, a bússola e a pólvora. O aparecimento, em Sagres, das técnicas de navegação a vela permitirá um enorme desenvolvimento *dos negócios e dos negociantes*, assim como uma ampliação da exploração dos recursos naturais pelos quatro cantos do mundo por meio do trabalho escravo e servil dos povos originários ou traficados para os lugares que a burguesia europeia julgava mais convenientes aos seus desígnios. A superioridade da artilharia naval ibérica pelas novas aplicações dadas à pólvora – o fogo como arma de dominação e não mais como fogos de artifício, como faziam os chineses – esteve na base da conquista a "ferro e fogo" do mundo, conforme a feliz expressão de Warren Dean.

Atentemos para o fato, desde então e cada vez mais de enorme significação na geografia política mundial, de que as revoluções nos meios de transportes conformam as diferentes des-ordens do mundo que se globaliza desde 1453-92. Afinal, a artilharia naval, com o uso da pólvora, permitia dominar os lugares para *des*-locar aquilo que ali se produzia. Lembremos que *des*-locar é não só tirar do lugar, mas, também, retirar *dos do lugar*, enfim, é retirar daqueles e daquelas que são do lugar a riqueza que ali se produz. Se não houvesse uma revolução nas artes da guerra, da construção dos barcos e maior certeza nas artes de navegar, com a bússola e outros instrumentos, não haveria como des-locar o ouro, a prata, o açúcar, o tabaco.

A natureza de conquista territorial, eivada de um espírito de salvação mítico-religiosa patrocinada por sedentos financistas e comerciantes preocupados com motivos menos nobres, como a acumulação de capital, entrará numa nova fase com a revolução no uso do carvão por meio da descoberta da máquina a vapor. Trata-se daquilo que Elmar Altvater viria chamar de uma segunda revolução prometeica que, tal como a primeira, a que domesticara o fogo, proporcionará uma nova revolução nas relações (de poder) do homem sobre a natureza, com enormes consequências para o devir da humanidade e do planeta. A geografia mundial sofrerá importantes mudanças, mantendo, entretanto, sua estrutura moderno-colonial.

A enorme capacidade de transformação de matéria a partir dessa segunda revolução do fogo associada à sua aplicação aos meios de transportes – navegação transoceânica a vapor e ferrovias – proporcionará as condições técnicas de poder se buscar, onde estiver, o que se demanda. O capitalismo deve muito do seu desenvolvimento aos combustíveis fósseis – carvão e, depois, petróleo e gás. Daí podermos falar, com Altvater, que a sociedade industrial tal como se constituiu até aqui, sob as relações sociais e de poder capitalistas, é "fossilista". Os dilemas diante do Protocolo de Kyoto não são secundários ou laterais, como veremos no Capítulo 5.

À medida que grandes grupos empresariais começam a se formar na Europa e, depois, nos Estados Unidos e no Japão, e a oligopolizar os mercados, estavam dadas as condições político-econômicas – de *poder econômico* – para empreender a fase imperialista da globalização. Observe-se aqui um componente político implicado no poder econômico: grandes corporações implicam grandes negócios e, portanto, implicam menos flexibilidade no controle das condições de matéria e energia necessárias à sua reprodução.

Desde então, não é mais a produção de artigos de alto valor econômico por unidade de peso que está em jogo. São grandes os volumes de matéria nas suas diferentes qualidades – ferro, cobre, zinco, manganês, titânio, berilo, café, cacau, banana, amendoim, algodão... e tudo o mais que será demandado, esteja onde estiver. Enfim, para desgosto da tradição antropocêntrica, tão ao sabor do pensamento europeu, a lógica da distribuição dos recursos naturais não é a mesma lógica dos que querem exercer o domínio do mundo. Tudo passa a ser removido e movido por todo o mundo, submetido pela lógica de produção de mercadorias, sob o comando dos grandes monopólios industriais financiados pelos grandes bancos, dividindo territorialmente o mundo em áreas de influência entre os diversos imperialismos nacionais – o imperialismo inglês, o alemão, o francês, o holandês, o belga, o italiano, o ianque, o japonês.

O final do século XIX e o início do século XX verão o comércio internacional crescer espetacularmente. Na verdade, com o imperialismo, instala-se uma verdadeira pilhagem de recursos naturais da África, da Ásia, da América Latina e do Caribe e, mais do que isso, deixa-se um séquito de devastação e desordem ecológica e social. Até mesmo duas guerras acabaram envolvendo a própria Europa na desordem generalizada que a dinâmica expansionista inerente ao capitalismo acabara impondo a todos.

É difícil imaginar o funcionamento desse modelo de desenvolvimento sem guerras, até porque a lógica da economia capitalista (e não de qualquer economia, diga-se de passagem) implica uma lógica de guerra permanente por conquista de mercado. Depois que o capital comercial foi associado ao capital industrial e a concorrência gerou o seu contrário, os oligopólios, não só se disputam mercados para a venda de produtos, mas também para a obtenção de matérias-primas (incluindo as fontes de energia), ou o controle dos lugares e regiões estratégicos. É a geografia do imperialismo re-geografando o mundo, vide o Canal de Suez e o Canal do Panamá. Neste último caso, os EUA fomentarão a criação de um Estado territorial formalmente independente, subtraído à Colômbia, para nele construir uma Zona do Canal sob seu controle direto até muito recentemente.[3] A Bolívia perdeu seu acesso ao mar por uma guerra induzida por empresários internacionais do salitre que, assim, redesenharam o mapa e tornaram chilenas aquelas ricas terras. Nos confins do Brasil, a Ferrovia Madeira-Mamoré ficou conhecida entre os empresários que a construíram como a estrada em que cada dormente era uma barra de ouro; entre os operários que nela trabalharam, como a que em cada dormente havia um cadáver. A mesma ordem mundial vista de dois lados diferentes. Não tardaria para que a conquista territorial se revelasse na sua geografia mundial, fazendo-se sentir a guerra entre as próprias metrópoles e em seus próprios territórios, quando só então passa a ser conhecida como "guerra mundial". Até então, por envolverem países ou regiões periféricas, as guerras eram tomadas como questões regionais. A questão territorial e a geopolítica se tornam, enfim, decisivas. Na verdade, ninguém mais terá paz enquanto esta lógica perdurar.

Assim como a constituição do moderno Estado territorial se fez no mesmo movimento em que se consolidava o sistema-mundo moderno-colonial num englobamento recíproco, o mesmo veremos com o advento do imperialismo e o aprofundamento do sistema-mundo moderno-colonial a ele subjacente. Observemos o que diz, em 1895, o milionário inglês Cecil Rhodes:

---

[3] Depois do acordo formal de devolução da Zona do Canal ao Panamá, acertado entre Carter e Torrijos, os EUA bombardearão, em 1989, a cidade do Panamá, para derrubar o presidente Noriega, já então em nome do combate ao narcotráfico, para se assegurar de que o país estaria governado por alguém de absoluta confiança do Pentágono.

> Ontem estive no East-End londrino [então, um bairro operário de Londres] e assisti a uma assembleia dos sem trabalho. Ao ouvir na referida reunião discursos exaltados cuja nota dominante era: Pão! Pão!, e ao refletir, de volta para casa, sobre o que ouvira, convenci-me, mais do que nunca, da importância do imperialismo ... Estou intimamente convencido de que minha ideia representa a solução do problema social: para salvar da guerra funesta os quarenta milhões de habitantes do Reino Unido, nós, os políticos coloniais, devemos dominar novos territórios para neles colocar o excesso de população, para encontrar novos mercados onde colocar os produtos de nossas fábricas e de nossas minas. O império, tenho-o sempre dito, é uma questão de estômago. Se não querem a guerra civil, devem converter-se em imperialistas.[4]

A história mostraria que Cecil Rhodes não fazia simplesmente bravata: até mesmo dois países na África teriam seu nome: Rodésia do Norte e Rodésia do Sul, atuais Zâmbia e Zimbábue, respectivamente. Na verdade, o imperialismo cumpriria um papel significativo à medida que a classe operária era assimilada à lógica capitalista nos países centrais do capitalismo, sobretudo por meio do fordismo (vide Capítulo 2). Sem a revolução nas relações sociais e de poder, por meio da tecnologia proporcionada pela segunda revolução prometeica, não haveria como des-locar tanta matéria-prima e ampliar tanto o comércio mundial, como se viu desde a segunda metade do século XIX, quando se formaram os grandes grupos empresariais que, cada vez mais, tornam-se os maiores protagonistas da ordem mundial contraditória forjada, inclusive, por meio da sua ação (vide Capítulo 2).

Henry Ford, com sua linha de montagem e seu Ford T, levará ao chão de fábrica o que disse Cecil Rhodes, e proporcionará a emergência de uma sociedade de consumo de

---
[4] Citado por LENIN, V. *Imperialismo:* fase superior do capitalismo. Rio de Janeiro: Vitória, 1947. p.102.

massas nos países centrais, não só com a integração da classe operária nesses países centrais, mas também com a violência contra (e a resistência dos) povos na África, na Ásia, na América Latina e no Caribe, de onde provinha a maior parte da matéria-prima e da energia fóssil, atualizando o sistema-mundo moderno-colonial que se iniciara em 1453-92.

Essa ordem jurídico-política westfaliana se mantém contraditoriamente no século XX, quando se consagra a ONU (1948) como espaço interestatal de concertação política. A partir daí, multiplica-se como nunca o número de novos Estados territoriais, sobretudo com a descolonização neocolonialista na África e na Ásia e, mais tarde, com a desagregação da antiga União Soviética. A soberania política do Estado que, trezentos anos antes, em Westfália, havia se afirmado, e, com a ONU, se reafirmado, teria que conviver com outros protagonistas cada vez mais fortes e poderosos: o poder econômico, sobretudo com os grandes trustes e cartéis que, como oligopólios, operam transnacionalmente.

Não são pequenas as consequências da emergência desse poder econômico como força política. Afinal, é um poder sobre o qual as regras democráticas muito pouco se fazem sentir. Segundo Noam Chomsky, o poder econômico tem sido o mais refratário em assimilar regras democráticas. Nele cada um vale de acordo com a sua porcentagem na participação acionária, princípio inaceitável no espaço público, embora aí sejam cada vez maiores os efeitos deste poder econômico privado. Talvez aqui resida a verdadeira razão do que Boaventura de Souza Santos vem chamando de democracia débil, na qual o povo, de onde emanaria o poder, elege governos que, na prática, não governam, posto que se veem constrangidos por esse poder econômico privado, a quem ninguém elegeu.

Foi numa ilha do arquipélago dos Açores, ali mesmo onde em 1793 se tomou para marco o meridiano de Tordesilhas, que, em 2003, se reuniram os primeiros-mandatários da primeira moderno-colonialidade – Portugal e Espanha – e da segunda moderno-colonialidade – Inglaterra e Estados Unidos – para acertarem os detalhes da recente invasão do Iraque. O autoproclamado mundo moderno, científico e tecnológico invadindo o mundo da tradição religiosa, no caso, islâmica. Não poderia ser mais emblemática a escolha desse lugar para significar o sistema-mundo moderno-colonial. A geografia, vê-se, marca a história.

■

2 A des-ordem econômica mundial: a nova divisão internacional do trabalho

A dimensão econômica permite visualizar muito bem o pano de fundo sobre o qual se desdobra a atual des-ordem mundial. As mudanças ocorridas na economia nas últimas décadas podem demonstrar como o jogo de poder mundial está subordinado aos interesses do grande capital e das grandes corporações transnacionais, sem falar nos organismos internacionais que atuam como verdadeiros gerentes da economia global, em especial o capital financeiro, como o Banco Mundial e o Fundo Monetário Internacional.

Uma nova ordem mundial (ou internacional), ainda que essa definição privilegie uma estruturação no nível político, aparece intimamente articulada a uma nova divisão internacional do trabalho, que abrange a reestruturação econômica do espaço mundial. A crise que vivenciamos nas duas ou três últimas décadas evidencia bem a profundidade das mudanças de natureza política e econômica que levam a propor a formação de uma nova des-ordem mundial. Não se trata, contudo, de um movimento claramente definido, pois, lembrando as reflexões de Gramsci, "crise" pode ser vista como um momento em que o velho está morrendo e o novo ainda não conseguiu nascer – ou, de outra forma, na proposição em língua chinesa, que compõe a palavra *crise* (*wei-ji*) pela conjugação dos ideogramas que significam "perigo" e "oportunidade".

Pode-se definir uma nova ordem internacional, do ponto de vista econômico – tomando o cuidado para não cair no economicismo ou no fetichismo da técnica (e das chamadas revoluções técnicas, como já vimos no capítulo anterior) – a partir das diferentes fases de reprodução/acumulação capitalista.

Ernest Mandel, um dos teóricos de fundamentação marxista que melhor discutiu essa questão, afirma que

> o andamento cíclico do modo de produção capitalista ocasionado pela concorrência manifesta-se pela expansão e contração sucessivas da produção de mercadorias e, consequentemente, da produção de mais-valia. Corresponde a isso um movimento cíclico adicional de expansão e contração na realização de mais-valia e na acumulação de capital [que deriva] das leis internas do modo de produção capitalista.[1]

o que torna inevitáveis suas oscilações conjunturais.

O que distingue as macrofases do capitalismo, associadas aos distintos ritmos de acumulação e exploração, são – do ponto de vista econômico – as transformações nos métodos de produção (as novas tecnologias), nas formas de apropriação (diferentes modos de intervenção do Estado na economia, por exemplo), nos mecanismos de exploração e nas consequentes formas de organização e resistência dos trabalhadores. Constitui-se assim uma nova divisão internacional do trabalho cuja espacialidade pode nos revelar muito, especialmente no que se refere ao poder de transformação das novas tecnologias, às novas formas de intervenção das grandes corporações e à desconstituição de sujeitos coletivos por meio da desconstrução da organização dos trabalhadores e outros grupos sociais.

---

[1] MANDEL, E. *O capitalismo tardio*. São Paulo: Abril Cultural, 1982, p.75.

Mesmo reconhecendo a grande polêmica que envolve a teoria dos ciclos (para Mandel, "ondas") do capitalismo, fundamentada principalmente no trabalho de Kondratieff nos anos 1920, podemos tomar como referência a periodização mais simples apresentada por L. Harris, que distingue três grandes etapas do capitalismo: o capitalismo concorrencial, o capitalismo monopolista e o capitalismo monopolista de Estado (para alguns, os dois últimos constituem o chamado imperialismo).

Com as crescentes lutas dos trabalhadores contra o capital na Europa Ocidental e EUA, fortalecidas pelo impacto da Revolução bolchevique de 1917 e pelo significado histórico da greve de 1926 dos mineiros do carvão na Inglaterra, que durou mais de um ano, o liberalismo mergulha numa profunda crise em 1929. Pouco a pouco, começa a se desenhar um novo pacto entre o capital e o trabalho, pelo menos nos países industrializados. Era o fordismo com sua ideia de um "capitalismo popular". Entrávamos, pois, no capitalismo de Estado fordista, que, numa interpretação não dicotômica entre capitalismo e "socialismo (ir)real", admite duas versões, uma em que os monopólios detêm a hegemonia (Capitalismo Monopolista de Estado) e outra, no "socialismo (ir)real", na qual o Estado detém a hegemonia (Capitalismo de Estado Monopolista, nos termos de João Bernardo, ou Capitalismo Burocrático Total, nos termos de Cornelius Castoriadis).

O Plano Marshall pós-Segunda Guerra, embora uma iniciativa relativamente modesta em termos de montante de recursos envolvidos, viria ensejar um modelo de intervenção supranacional, pois no lugar de as potências imperialistas disputarem entre si os mercados, o que levara às guerras, buscavam-se: (1) reconstruir e desenvolver a arrasada Europa, (2) conter a expansão soviética que avançara sobre o Leste europeu, (3) apresentar-se como uma alternativa política contra a ascensão de grupos e partidos de esquerda que haviam adquirido grande poder de influência a partir das lutas de resistência ao nazifascismo.

Após 1945, teremos os chamados anos dourados do capitalismo fordista, período que consagrou a denominada sociedade de consumo de massas, expressão forçada quando conhecemos os níveis de consumo na África, na Ásia, na América Latina e no Caribe. O fordismo, na verdade, como o próprio *Welfare State* que o acompanhava, não conseguiria atravessar a linha do Equador.

Assim, desde fins da Segunda Grande Guerra, vem sendo gestado um novo padrão internacional de poder que se configura com a importância cada vez maior das grandes corporações empresariais transnacionais, em termos institucionais num conjunto de entidades supranacionais (como a ONU, o FMI, o BID e o Bird) e, em termos mais especificamente econômicos, nos acordos de Bretton Woods (1944). Em 1971, os Estados Unidos romperam unilateralmente com o sistema fixo de câmbio e com o padrão-ouro, um dos pilares desses acordos.

Ainda, em 1982, os organismos financeiros internacionais impuseram outra ruptura unilateral de contratos ao alterarem a taxa de juros de cerca de 6% para cerca de 20% ao ano. É importante recuperar essas informações porque, hoje, o que mais se exige nas novas propostas de regulação é estabilidade de regras e garantias de que elas serão cumpridas, quando grande parte das atuais dívidas dos países do polo dominado do padrão de poder mundial foi estratosfericamente aumentada de modo unilateral. Estava aberto, pois, o caminho para uma financeirização cada vez maior da economia mundial. A partir desse momento, o dólar passa a ser o novo lastro que os países devem buscar, e somente um país, os Estados Unidos, podem emitir essa moeda.

Na perspectiva de autores como David Harvey e Alain Lipietz, o fordismo, como acumulação baseada na intensificação do consumo e da produtividade (via métodos "fordistas" de trabalho) e na regulação monopolista, centralizadora, seria ultrapassado, ou melhor, passaria a conviver, a partir dos anos 1980, com o chamado pós-fordismo ou capitalismo de acumulação flexível. Reelaborando um quadro proposto por David Harvey em seu livro *A condição pós-moderna* (p.304), no qual associa modernidade com o fordismo e pós-modernidade com a acumulação flexível pós-fordista, temos as características apontadas no Quadro 1.

Quadro 1 – Modernidade fordista e pós-modernidade flexível

Modernidade fordista	*Pós-modernidade flexível*
Economias de escala	Economias de escopo
Hierarquia/Homogeneidade	Anarquia/Diversidade
Habitação pública	Desabrigados
Capital produtivo/universalismo	Capital fictício/localismo
Poder estatal/capital monopolista/sindicatos	Financeirização/complexos corporativos empresariais/des-responsabilização social do Estado
Forte presença de sujeitos coletivos	Desconstituição de sujeitos coletivos
Estado do bem-estar	Neoconservadorismo
Ética/mercadoria-dinheiro	Estética/dinheiro contábil
Produção/originalidade	Reprodução/ecletismo
Operário/vanguardismo	Administrador/comercialismo
Centralização/totalização	Descentralização/desconstrução
Síntese/negociação coletiva	Antítese/contratos locais
Produção em massa	Produção em pequenos lotes
Política de classe	Movimentos sociais, grupos de interesse
Trabalhador especializado	Trabalhador flexível
Indústria/ética protestante do trabalho	Serviços/contrato temporário
Reprodução mecânica	Reprodução eletrônica
Intervencionismo/industrialização	Neoliberalismo/desindustrialização

Fonte: HARVEY, D. *A condição pós-moderna*. São Paulo: Loyola, 1992. p.304 (adaptado).

Harvey esclarece enfaticamente que essas duas "tendências" aparentemente dicotômicas se interpenetram no capitalismo atual e muitas são as nuanças de acordo com a região que está sendo abordada. Não resta dúvida de que se trata de mais uma interpretação do "sistema", ou mesmo da "sociedade-mundo", que tenta estabelecer-se pela globalização do poder deste final de século. Como veremos nos próximos capítulos, embora possamos destacar sobretudo a dimensão econômica dos chamados processos de globalização, eles também envolvem questões de ordem política, militar, cultural e ambiental.

Apenas para complexificar, devemos lembrar que também há autores, ainda mais polêmicos, que, em vez de privilegiarem a base econômica na conformação de uma nova ordem mundial, trocam os ciclos econômicos, por exemplo, pelos ciclos das guerras. Segundo esses autores (em geral cientistas políticos), a guerra, por meio da indústria bélica que a sustenta, seria o grande dínamo das inovações tecnológicas, o estímulo maior para o surgimento de novas tecnologias. Quincy Wright propôs, em 1942, a tese de que a cada cinquenta anos a era moderna enfrentaria um grande conflito, mais ou menos de acordo com os períodos cíclicos da economia identificados anteriormente por Kondratieff. Segundo Paul Kennedy, em sua conhecida obra *Ascensão e queda das grandes potências*, a "nova ordem territorial" que se estabelece a partir do final de cada grande guerra refletiria a redistribuição de poder que ocorre no sistema internacional.

Sem cair no reducionismo do econômico ou do político-militar, muito menos no mecanicismo de ciclos perfeitamente estruturados (e previsíveis), é impossível ignorar o fato de que a reestruturação atual envolve uma crise profunda na chamada "ordem econômica" internacional. Embora os Estados Unidos permaneçam como a grande potência econômica do planeta, visto como Estado-nação, em termos individuais, a liberalização do comércio e das finanças, aliada ao novo padrão tecnológico – aquilo que Milton Santos denominou de período e/ou meio técnico-científico informacional –, deu forma a uma "fluidez" ou globalização do espaço planetário nunca antes vista. Nesta nova fase, o papel – especialmente o papel econômico – do Estado-nação está sendo redirecionado, podendo-se afirmar que se consolidou uma "globalização neoliberal".

A globalização econômica neoliberal

Negri & Hardt, em *Império*, reconhecem três aspectos primários já presentes na própria obra de Marx e que marcam o caráter "desterritorializador" (fluido) e globalizador inerente ao capitalismo:

- a liberação de populações de seus territórios na realização da acumulação primitiva, criando um "proletariado 'livre'";
- a unificação do valor em torno do dinheiro, seu equivalente geral, referência quantitativa frente à qual praticamente tudo passa a ser medido e avaliado;
- o estabelecimento de um conjunto de leis "historicamente variáveis imanentes ao próprio funcionamento do capital", como as leis de taxas de lucro, taxas de exploração e de realização da mais-valia.

Esse conjunto de características seria uma espécie de pré-requisito para a implementação, gradativa, da globalização econômica, estendida a todo o planeta, marcada pela ruptura de fronteiras, pela perda de influência dos condicionamentos locais e pela expansão de uma dinâmica de acumulação e concentração de capital em nível mundial. Isso, na verdade, já era profetizado por Marx & Engels em *Manifesto comunista*, quando afirmavam:

> Impelida pela necessidade de mercados sempre novos, a burguesia invade todo o globo terrestre. Necessita estabelecer-se em toda parte, explorar em toda parte, criar vínculos em toda parte. Pela exploração do mercado mundial, a burguesia imprime um caráter cosmopolita à produção e ao consumo em todos os países. ... As velhas indústrias nacionais foram destruídas e continuam a ser destruídas diariamente. São suplantadas por novas indústrias, cuja introdução se torna uma questão vital para todas as nações civilizadas – indústrias que já não empregam matérias-primas nacionais, mas sim matérias-primas vindas das regiões mais distantes, e cujos produtos se consomem não somente no próprio país mas em todas as partes do mundo. ... No lugar do antigo isolamento de regiões e nações autossuficientes, desenvolvem-se um intercâmbio universal e uma universal interdependência das nações. E isto se refere tanto à produção material como à produção intelectual. As criações intelectuais de uma nação tornam-se patrimônio comum.[2]

Entretanto, é claro que o capitalismo não corresponde a um processo unilateral e cumulativo de "globalização", como já foi possível perceber no capítulo anterior. Vários atores interferiram nesta dinâmica e, assim como muitas de suas características atuais já estavam presentes nos primórdios da expansão capitalista, outras tantas foram sendo construídas e reconstruídas ao longo do tempo. À medida que parece organizar-se gradativamente uma espécie de "território--mundo" globalmente articulado, o capitalismo se reproduz contraditoriamente e, sobretudo, difunde a desigualdade, apropriando-se ou mesmo produzindo a diferenciação, a fim de expandir a lógica mercantil que lhe é inerente.

Entre os protagonistas mais importantes nesse jogo contraditório da globalização está o Estado-nação, cuja estratégia econômico-territorial, como sabemos, varia muito

---

[2] MARX, K.; ENGELS, F. *Manifesto comunista*. São Paulo: Boitempo, 1998 (1948). p.43.

ao longo da história. A interferência periódica do Estado é sempre uma "faca de dois gumes" na consolidação da globalização capitalista, pela contradição que lhe é inerente entre a defesa de interesses públicos e de interesses privados, que conjuga abertura e fechamento de fronteiras, "estatismo" e liberalização econômica.

Autores mais céticos, como Hirst & Thompson em sua obra *A globalização em questão*, questionam a passagem de uma economia inter-nacional, regida pelos grandes Estados, para uma economia globalizada. Para eles, grandes potências, em especial os Estados Unidos, continuam como "o único avalista possível do sistema de livre comércio mundial" e, desse modo, a abertura dos mercados globais depende da política definida pelos norte-americanos. O dólar continuaria a ser, portanto, "o intermediário do comércio mundial". No confronto entre uma economia inter-nacional e uma economia mundial ou globalizada, que para eles ainda não se manifestou em sentido estrito:

> o oposto de uma economia globalizada não é uma economia voltada para dentro, mas um mercado mundial aberto, baseado nas nações comerciais e regulado, em maior ou menor grau, pelas políticas públicas dos Estados-nação e pelas agências supranacionais. Uma economia assim tem existido de uma forma ou de outra desde os anos 1870, e continua a reemergir, apesar de grandes contratempos, sendo o mais sério a crise dos anos 30. A questão é que isso não deveria ser confundido com uma economia global.[3]

Não obstante alguns excessos de generalização nas interpretações de Hirst & Thompson, a máxima de que "o capital não tem pátria" deve ser relativizada. Embora nunca tenha se colocado como um verdadeiro empecilho à realização da acumulação em escala mundial, o Estado sempre atuou em

---
[3] HIRST, P.;THOMPSON, G. *A globalização em questão*. Petrópolis: Vozes, 1998. p.36.

sucessivos "ciclos" de interferência, a fim de regular a dinâmica dos mercados, em geral como um parceiro e/ou uma "escala de gestão" indispensável na organização dos fluxos comerciais e financeiros, para não dizer dos transportes e comunicações, que proporcionam as condições gerais de produção necessárias à maior acumulação de capitais e extração de excedentes (mais-valia), fundamentais para a reprodução da burguesia (lucro) e dos gestores (impostos). O discurso da "desterritorialização" e, consequentemente, de uma globalização irrestrita num mundo efetivamente "sem fronteiras" vincula-se hoje, em grande parte, aos argumentos políticos daqueles que defendem o chamado projeto neoliberal.

Como vimos no capítulo anterior, um dos principais protagonistas da gradativa globalização do capitalismo durante o chamado período imperialista foi o Estado-nação, especialmente aquele capaz de assegurar as condições básicas para a expansão constante do comércio e das finanças mundiais. Durante o domínio do chamado Estado do bem-estar social ou Estado-previdência (nos países centrais capitalistas), a partir da Segunda Grande Guerra, o Estado atua também como um agente redistribuidor de renda, capaz de assegurar não apenas a ampliação do mercado de consumo pela elevação (relativa) dos salários, mas também alguns benefícios sociais pelos quais há muito vinham lutando os trabalhadores organizados.

As mudanças na esfera da produção devem ser consideradas sempre, portanto, dentro de uma dialética complexa, que inclui interesses dos grandes capitalistas e suas empresas, interesses do Estado e interesses dos movimentos da sociedade civil organizada. O Estado, como espécie de intermediário capaz de "pender a balança" para um ou outro lado, aparece como o principal responsável pelas políticas "reguladoras" dos conflitos entre o capital e o trabalho. Assim, em períodos de crise do emprego, por exemplo, ele pode intervir como uma válvula de escape ao fornecer empregos na esfera pública ou redistribuir renda, a fim de manter o mínimo de condições para a sobrevivência dos mais desfavorecidos.

Entretanto, nesta fase de globalização neoliberal, o Estado vai gradativamente perdendo força e deixando muito maior liberdade para que as "forças do mercado" comandem a economia. A reprodução capitalista como uma sucessão de fases de expansão ou crescimento e crise, como já vimos, pode também ser associada às diferentes formas de atuação do Estado junto aos atores econômicos e à sociedade civil.

O economista Reinaldo Gonçalves[4] considera a atual globalização econômica como um jogo de poder em que interferem como agentes fundamentais a grande empresa transnacional, instituições, como o FMI e o Banco Mundial, e o Estado. Ela resultaria da ocorrência simultânea dos seguintes processos:

- aumento extraordinário dos fluxos internacionais de bens, serviços e capital;
- aumento da concorrência internacional;
- interdependência crescente entre agentes econômicos nacionais.

A globalização econômica se desdobra em quatro formas ou dimensões: a comercial, a produtiva, a tecnológica e a financeira. Políticas neoliberais e de desregulamentação mundo afora nas décadas de 1980 e 1990 foram decisivas na consolidação desse processo, aliadas a um novo padrão tecnológico que permitiu a enorme aceleração das trocas de produtos, capital e informações, além de ter facilitado a própria circulação de pessoas.

O que vemos hoje no chamado capitalismo globalizado neoliberal de acumulação flexível é uma fase muito mais complexa, na qual não coincidem, por exemplo, crescimento econômico e expansão do emprego. Os altos níveis tecno-

---

[4] GONÇALVES, R. *O nó econômico*. Rio de Janeiro; São Paulo: Record, 2003.

lógicos envolvidos no processo de produção, a mobilidade das empresas, do capital e da produção, inédita na história, e este "recuo" do Estado mesmo em épocas de crise, fazem que tenhamos aquilo que Milton Santos considerou como um período definido pela própria crise, e não a crise como mera transição.

A divisão territorial do trabalho e as novas desigualdades

O espaço mundial também se modifica profundamente, não apenas refletindo a dinâmica em curso, mas também interferindo no sentido de acelerar ou de retardar esses processos. Antigas divisões territoriais do trabalho adquirem outra conformação, muito mais complexa. Inicialmente, a consideração dos diferentes setores da economia – primário, secundário e terciário, por exemplo – parecia suficiente para definir o papel das regiões e mesmo dos países, na medida em que, num mundo moderno-colonial bem menos globalizado, ou globalizado em outros moldes, parecia haver uma distribuição mais clara de papéis, principalmente no que se refere à divisão entre os detentores do capital financeiro, da tecnologia e da produção industrial e os fornecedores de matéria-prima e produtos alimentares para o consumo das regiões hegemônicas. Embora essa "divisão" seja questionável (vide o caso dos engenhos de açúcar incorporando as tecnologias mais avançadas da época), essa foi a interpretação dominante.

A especialização por setor econômico, entretanto, não desapareceu. Determinados países, principalmente no contexto africano, permanecem como basicamente exportadores de produtos primários. Cabe ressaltar que, no caso de recursos estratégicos como o petróleo (especialmente depois da chamada "crise" de 1973, que para os países da Opep representou o contrário), a extrema dependência de um único produto primário não explica as condições socioeconômicas desses países. Não faz muito sentido colocarmos na mesma situação, pelo fato de basearem suas economias em produtos "primários", Estados como os Emirados Árabes Unidos, extremamente dependentes do petróleo, produto estratégico e valorizado no mercado mundial, e Estados como Uganda, onde 58% das exportações provêm do café, *commodity* de valor desprestigiado no mercado internacional.

Com a rápida expansão da industrialização para alguns países periféricos (alguns denominados depois "semiperiféricos"), principalmente a partir dos anos 1950, houve uma complexificação muito maior dos espaços produtivos. Dessa forma, a nova divisão internacional do trabalho passou a ser baseada não estritamente nos setores da economia por tipo de produto, mas nos níveis tecnológicos de produção, nas formas de gestão e nas relações de trabalho dominantes, o que inclui, é claro, o valor dos salários pagos aos trabalhadores.

Citemos como exemplo a exploração de madeira (atividade "primária") em países pobres do interior africano e no interior de um país como a Suécia. O nível de tecnologia envolvido no processo produtivo, bem como as relações de trabalho dominantes, ou seja, o nível de exploração da força de trabalho, são totalmente diferentes nesses dois países, embora executem a mesma atividade. Uma das especificidades mais importantes que promove a integração de muitas regiões madeireiras do interior do Congo à economia global é a sua força de trabalho muito barata, enquanto em áreas do interior da Suécia um dos fatores preponderantes é o alto nível tecnológico incorporado no processo de produção.

É interessante ressaltar ainda que cada momento histórico valoriza diferentes "recursos naturais" e, portanto, distintas regiões do planeta. Produtos que envolvem fontes de energia, como vimos para o caso do petróleo, costumam ser mais valorizados. Hoje, por exemplo, o valor adquirido por áreas que dispõem de grande biodiversidade está ligado à ascensão da biotecnologia no mercado globalizado. Novas fontes de energia, como o vento, a luz do sol e as marés, tendem também a fortalecer a importância de determinadas áreas.

Podemos afirmar que, hoje, a divisão territorial/internacional do trabalho, pautada nos níveis tecnológicos da produção e nos correspondentes níveis de qualificação (e de exploração) da força de trabalho, permite diferenciar o espaço mundial identificando:

- espaços que detêm o domínio do capital financeiro e dos investimentos na produção e/ou o controle das tecnologias mais avançadas e da difusão de informações, com a correspondente oferta de mão de obra altamente qualificada, como ocorre nos chamados países centrais capitalistas e, dentro deles, nas grandes "cidades globais";
- espaços com certa independência financeira, em que predominam atividades econômicas com níveis intermediários de tecnologia e mão de obra mais ou menos qualificada;
- espaços com grande dependência do capital financeiro internacional, em que a produção é de baixo nível tecnológico ou está voltada basicamente para a simples reprodução de tecnologias externas, como indústrias de montagem de produtos, exigindo força de trabalho pouco qualificada e com altos níveis de exploração.

É evidente que há outras combinações possíveis. No Brasil, por exemplo, conjugam-se alta dependência do capital financeiro internacional (elevada dívida externa, elevadas taxas de juros para atrair capital especulativo) e níveis tecnológicos de produção que, conforme o setor, envolvem desde a produção dependente de mão de obra extremamente barata (ou mesmo escrava), até a que incorpora níveis bastante sofisticados de tecnologia (como a indústria aeronáutica). Num país com as dimensões e a complexidade do Brasil, o mais justo é analisar não simplesmente a sua participação na divisão internacional do trabalho, mas também as especificidades de sua divisão inter-regional do trabalho.

Nesta nova divisão internacional do trabalho, comandada pela informação, pela biotecnologia e pelo capital financeiro, dois novos espaços são fundamentais: pelo lado da tecnologia, centros sofisticados de pesquisa (os chamados tecnopolos), capazes de pensar e/ou de produzir inovações tecnológicas e de qualificar permanentemente a força de trabalho; pelo lado do capital financeiro, distritos financeiros sofisticados de gestão no interior das principais "cidades globais", e "paraísos financeiros" (ditos *offshore*) em pontos estratégicos (geralmente mini-Estados em posições estratégicas do globo), a fim de "lavarem" o dinheiro obtido em operações ilegais, cada vez mais frequentes. Deve-se acrescentar ainda a relevância da produção e do controle da informação em sentido mais estrito como fator de distinção entre espaços centrais e periféricos. Assim, o poder também se define a partir de quem controla a informação, distinguindo os que a produzem e transmitem (quatro grandes companhias sediadas nos EUA e na Europa são responsáveis pela quase totalidade das notícias em circulação) e aqueles que se tornam simples "terminais" receptores. Algo semelhante acontece, muitas vezes, com a produção cultural e, em consequência, com os valores e os hábitos culturais populares globalizados.

Temos, então, a grande importância adquirida pelo chamado "capital pensante", que gera inclusive novas formas de exploração, não só na conhecida forma da "fuga de cérebros", mas também pela contratação, a baixos salários, de pesquisadores trabalhando nos seus países de origem, como aconteceu com a Europa Oriental, recém-saída do regime "comunista", nos anos 1990. Fundações norte-americanas usufruíram dessa oferta de alta qualificação (dependendo dos setores da economia) a salários baixos, e passaram a financiar pesquisas com a garantia de apropriação de todos os resultados alcançados.

Não obstante a importância crescente dos fluxos financeiros, comerciais e de informações, em um mundo economicamente cada vez mais globalizado, é fundamental reconhecer a permanência dos Estados-nações, não só em razão de seu poder político-militar (na medida em que nenhuma outra instituição tomou até aqui o seu lugar), como mostraremos no próximo capítulo, mas também por sua função de estabelecer regras para a entrada de capitais (fixando taxas de câmbio e juros, por exemplo), de produtos (definindo alianças em termos de blocos econômicos preferenciais) e, especialmente, de força de trabalho.

Assim, apesar da crescente globalização e da dificuldade de identificar a "nacionalidade" da produção de uma empresa transnacional, a análise econômica pautada nas bases territoriais dos Estados não perdeu importância, ainda mais se considerarmos que a maioria dos dados econômicos ainda é fornecida referente às economias nacionais. Uma análise da participação das chamadas "grandes potências" nos últimos quarenta anos na economia mundial evidencia algumas das profundas transformações efetivadas. Destaca-se, de saída, a queda brutal de economias, como a soviética, e a ascensão de outras, especialmente a do Japão e a da China. Os Estados Unidos, que decaem um pouco em percentual nos anos 1980, recuperam-se e atingem hoje 38% do produto mundial.

Como já afirmávamos em 1991:

> A crescente globalização econômica e essa aparente direção rumo a um mundo economicamente tripolar [marcado pela tríade EUA-União Europeia-Leste Asiático] ..., não impedem que se manifestem também "n" outros indicadores representativos mais de *des*ordem que, ao invés de promoverem uma nova ordenação político-econômica, atuam – positiva ou negativamente – para a fragmentação, a instabilidade e/ou a diferenciação. Não é à toa que um dos movimentos mais marcantes da década de [19]80, o pós-modernismo, reconhece na singularização e na heterogeneidade a marca da "nova era".[5]

---

5 HAESBAERT, R. A (des)ordem mundial, os novos blocos de poder e o sentido da crise. *Terra Livre*, n.9. São Paulo: Associação dos Geógrafos Brasileiros e Marco Zero, 1991.

Essa "nova era" pode também ser considerada a era das desigualdades. Em 1998, os 20% mais ricos do planeta dispunham de 86% do produto mundial, e os 20% mais pobres, de apenas 1%. Enquanto isso, a diferença de renda passou de 30 para 1, em 1960, para 60 para 1, em 1990, e 74 para 1 em 1997.

Explica esse aumento das desigualdades a proliferação do desemprego (segundo a OIT, são 188 milhões de desempregados em 2003 – ou seja, 6,2% da força de trabalho mundial), do subemprego, dos circuitos ilegais da economia. Em suma, da precarização das relações de trabalho e a consequente "marginalização" ou "exclusão" de um número crescente de pessoas, sem lugar no mapa da globalização, seja como massa política de manobra, seja como trabalhadores ou até mesmo, em situações mais extremas, como consumidores. Basta verificar que 22% da população mundial, ou seja, 1,3 bilhão de pessoas, vivem com menos de um dólar por dia, considerado o limiar da pobreza absoluta.

Na verdade, dialeticamente falando, o simples fato de essa massa de "excluídos" não ter que, de alguma forma, ser "mantida" pelo restante da sociedade ou mesmo de não concorrer com esta outra parcela em busca de melhores condições de vida, torna-se uma das garantias da manutenção do sistema, bastando para isso que seja mantida "sob controle" e não ofereça nenhuma forma de resistência.

Até mesmo entidades como a Organização Internacional do Trabalho reconhecem que a globalização acirrou as desigualdades, aumentando a distância entre ricos e pobres. Abertura de mercados e novos acordos comerciais não garantiram a redistribuição da riqueza, mas a sua concentração. Apenas alguns países, justamente onde não foram aplicados os programas ortodoxos de abertura de mercados, como a China, a Índia e a Coreia do Sul, conseguiram diminuir a miséria; no caso da China, porém, houve acentuado crescimento das desigualdades entre ricos e pobres. O diretor da OIT, Juan Somavía, afirmou que a falta de trabalho decente pode-se tornar o "principal risco para a segurança internacional".

Recente estudo do Instituto Worldwatch, dos Estados Unidos, utilizando uma categoria um tanto questionável de consumidores globais, revela que, mesmo com o aumento brutal do consumo, que passou dos 4,8 trilhões de dólares em 1960 para 20 trilhões em 2000, dos cerca de 6,3 bilhões de habitantes do planeta, apenas 1,7 bilhão é considerado parte efetiva dessa sociedade de consumo. Países como o Brasil têm apenas 33% de sua população considerada "mercado consumidor". Mesmo com todo o avanço econômico, na China são apenas 19% e na Índia, ainda menos, 12%. Em contrapartida, nos Estados Unidos são 84%, na Alemanha, 92% e no Japão, 95%. Os Estados Unidos, com menos de 5% da população, consomem 25% do carvão, 26% do petróleo e 27% do gás natural do planeta. Os países centrais – EUA, Japão, Europa Ocidental, Canadá e Austrália –, com cerca de 15% da população mundial, gastam 61% do alumínio, 59% do cobre e 49% de todo o aço consumido. Tamanha desigualdade socioeconômica tem também sérios reflexos na ecologia do planeta, como veremos no Capítulo 5.

Outro indicador socioeconômico que reflete bem o nível de desigualdade planetário é o que se refere às condições de habitação, mediante o percentual de população favelada. Segundo pesquisa realizada pela ONU, 32% da população mundial, ou seja, praticamente um terço, vive em favelas. Enquanto na Europa apenas 6,2% da população é favelada, na América Latina são 31,9% (127 milhões de pessoas) e na África Subsaariana são 71,9% (166 milhões). Na outra ponta do espectro de consumo, a Internet, apontada como instrumento decisivo do novo padrão tecnológico, atingia em 1997 mais de 90% dos 20% mais ricos do mundo, contra apenas 0,2% dos 20% mais pobres.

Assim, apesar de toda a pretensa homogeneização promovida pelos processos de globalização (a ser questionada mais profundamente no Capítulo 4), notadamente pela difusão da economia de mercado em esferas inéditas da sociedade e do espaço mundial, e apesar de toda a complexidade promovida pela circulação de pessoas, mercadorias e informações tanto do centro para a periferia quanto da periferia para o centro, ainda é possível delimitar com clareza enormes espaços relativamente à margem das benesses da globalização e outros extremamente privilegiados. O Mapa 1 ilustra bem essas desigualdades que, apesar de se multiplicarem hoje em escalas cada vez mais restritas, como os espaços de todas as grandes cidades, podem ser apreendidas à escala planetária.

Esse mapa mostra o "deslocamento" para o norte, com a crise do socialismo real, da linha fictícia de separação entre o chamado Norte economicamente mais rico e o Sul economicamente mais pobre. Apesar de extremamente problemática, paradoxalmente, essa linha aparece fisicamente cada vez mais nítida em alguns pontos específicos, como a fronteira entre o México e os Estados Unidos, o estreito de Gibraltar (e a fronteira Espanha-Marrocos nos enclaves de Ceuta e Melilla), a fronteira entre Grécia e Turquia, entre os Países Bálticos e a Rússia, entre as duas Coreias ou entre Israel e a Palestina. Cada um desses casos evidencia, se não a construção física de um muro (caso de trechos da fronteira México-Estados Unidos, de Ceuta, das Coreias e de Israel), o controle cada vez mais intensificado do fluxo de pessoas e mercadorias (caso dos países bálticos e da Grécia). Num alegado mundo "sem fronteiras", como veremos no próximo capítulo, a liberdade de fluidez para o capital e as informações não são acompanhadas pela liberdade de deslocamento para as pessoas, especialmente a massa crescente de despossuídos, sem dúvida o "perigo" mais sério na nova des-ordem mundial.

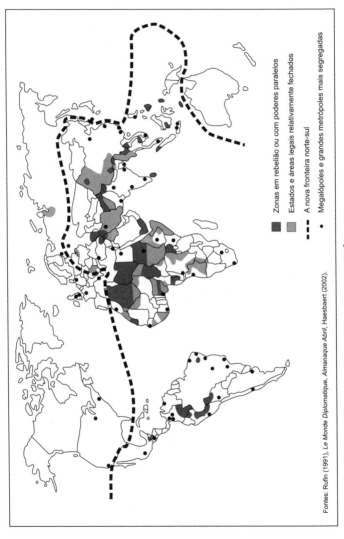

Fontes: Rufin (1991), *Le Monde Diplomatique*, *Almanaque Abril*, Haesbaert (2002).

MAPA 1 – DESIGUALDADES SOCIOESPACIAIS E ESPAÇOS DE "EXCLUSÃO".

3 A des-ordem política mundial: os novos espaços do poder

Os Estados-nações e os grandes blocos internacionais

Como vimos no capítulo anterior, o Estado-nação tem tido um papel ambivalente na constituição da nova des-ordem mundial. Para alguns autores, ele está envolvido em um rápido processo de fragilização que irá culminar com a sua extinção, incapaz de gerir a nova organização social e geográfica global-fragmentada. Para outros, trata-se de uma entidade que, mais do que perder poder, está reestruturando-se sob novas bases, adquirindo distintas funções dentro da nova geopolítica mundial, pautada pela "sociedade de controle" ou, como preferimos, da "segurança" – o novo discurso a legitimar o reforço de poder de muitos Estados.

Não podemos esquecer que os Estados, além de constituírem uma "invenção" moderna, definitivamente consolidados a partir dos acordos de Westfália, em 1648, só se universalizaram efetivamente a partir da Segunda Grande Guerra, com a descolonização da África e da Ásia. E novos Estados continuam a surgir. Apesar de subsistirem poucas e geralmente diminutas colônias (no sentido político), principalmente em mãos da Inglaterra, dos Estados Unidos e da França, muitos são os movimentos recentes pela independência, tentando redividir países, desde o Quebec canadense até o Tibete chinês, passando pelos separatismos espanhóis, russos, indianos e africanos.

Mesmo as empresas transnacionais, símbolos máximos da globalização, competem entre si alegando razões nacionalistas. O caso japonês é o mais destacado – nas palavras de um ex-presidente da Fiat italiana, "nada pode ser mais japonês e menos 'global' do que uma grande companhia japonesa ... Os tomadores de decisão são japoneses, os acionistas ..., a pesquisa e o desenvolvimento ... assim como a mentalidade de 'conquistadores' são japoneses". Os novos intelectuais que operam a partir da mídia também cumprem um papel central nesse aspecto, como observamos no recente episódio da nacionalização do gás e do petróleo pelo governo de Evo Morales na Bolívia, quando comentaristas tradicionalmente fervorosos defensores da des-ordem neoliberal se mostraram defensores da Petrobras, com um discurso nacionalista do qual, normalmente, são ardorosos críticos.

De qualquer forma, devemos admitir que estão ocorrendo mudanças muito importantes em relação ao papel do Estado. Como já vimos, finda a fase do capitalismo dominada pelo Estado do bem-estar social, pelo menos nos países centrais europeus, instaurou-se um período dominado pelo chamado capitalismo neoliberal em que o Estado foi instado a "encolher", em detrimento do crescente poder das grandes corporações transnacionais.

Algumas hipóteses podem ser levantadas para explicar esta perda de poder do Estado nacional e o fortalecimento das empresas transnacionais. O primeiro é sem dúvida o movimento de privatização alimentado pelas propostas neoliberais, que envolveu não só a privatização de empresas estatais nos países capitalistas, mas também a própria abertura dos países do chamado bloco socialista, seja pela queda pura e simples dos regimes estatais centralizados, seja pela "abertura seletiva", como no caso do vasto mercado (ou, como denominam seus mentores, "socialismo de mercado") chinês. Pelo menos no caso da Rússia e, de modo mais velado, na China, ocorreu também a metamorfose de empresas estatais em megaempresas capitalistas, como no caso do setor gás-petrolífero russo. Em um sentido mais geral, o Estado capitalista perdeu poder não apenas sobre o setor industrial e comercial, mas também sobre o setor de serviços e na área de pesquisa e inovação tecnológica.

Muitas empresas transnacionais passaram a desempenhar papéis que antes cabiam ao Estado, inclusive em parcerias na criação de infraestruturas básicas como rede de transportes e água e saneamento. Segundo Strange,[1] muitos conflitos de interesses saíram da alçada do Estado e passaram a ser geridos pelas próprias empresas. Até mesmo o controle fiscal e a taxação de lucros das empresas foram afrouxados, fazendo que a autonomia empresarial atingisse patamares nunca antes alcançados, sem falar na sua força para comandar os circuitos financeiros, decisivos na definição dos novos arranjos políticos nacionais.

Segundo Giovanni Arrighi,[2] o "crescimento explosivo das empresas transnacionais", que alcançaram o número de cerca de 10 mil nos anos 1980:

> Longe de consolidar o exclusivismo territorial dos Estados como "continentes de poder", ... tornou-se o mais importante fator isolado a minar a essência desse exclusivismo. Por volta de 1970, quando começou a crise da hegemonia norte-americana, tal como encarnada na ordem mundial da Guerra Fria, as empresas

---

[1] STRANGE, S. *The retreat of the State:* the diffusion of power in the world economy. Cambridge: Cambridge University Press, 1996.
[2] ARRIGHI, G. *O longo século XX*. Rio de Janeiro: Contraponto, São Paulo: Editora UNESP, 1996. p.74.

multinacionais haviam evoluído para um sistema de produção, intercâmbio e acumulação, em escala mundial, que não estava sujeito a nenhuma autoridade estatal e tinha o poder de submeter a suas próprias "leis" todo e qualquer membro do sistema interestatal, inclusive os Estados Unidos. ... Esse sistema de livre iniciativa – livre, bem entendido, das restrições impostas pelo *exclusivismo territorial* dos Estados aos processos de acumulação de capital em escala mundial – foi o resultado mais característico da hegemonia norte-americana. Ela marcou um novo momento decisivo no processo de expansão e superação do Sistema de Westfália, e é bem possível que tenha dado início à decadência do moderno sistema interestatal como locus primário do sistema mundial. (grifo nosso)

Para além das empresas transnacionais na sua ligação com os setores produtivo e especulativo da economia, é muito importante reconhecer que até mesmo algumas funções tidas como essencialmente "estatais", como a do "monopólio da violência legítima", passaram a ser exercidas por entidades privadas. A terceirização da segurança pública e dos conflitos armados, por exemplo, com a contratação de milícias e seguranças privados, é hoje uma realidade cada vez mais comum. O desmantelamento de parte do aparato bélico-militar das grandes potências com o fim da Guerra Fria levou muitos militares desempregados a formarem empresas de segurança paramilitar. A contratação dessas empresas pelo Estado permite seu aparente descompromisso com muitas ações bélicas e, sobretudo, facilita o ocultamento dos verdadeiros custos das operações militares.

Além disso, ao mesmo tempo em que o Estado delega poderes, "foge" ou aparece de modo excludente em termos de sua esfera básica de gestão: o próprio território e o planejamento territorial, com áreas cada vez maiores permanecendo completamente à margem de qualquer atuação efetiva. Esse "vazio de poder" (do Estado legitimado) dá lugar à emergência de outros circuitos de poder, como o do crime organizado, seja o narcotráfico, o contrabando ou o terrorismo internacional, sejam os "esquadrões da morte" e os grupos paramilitares que defendem paralegalmente a ordem vigente.

Podemos partir da constatação de que a soberania do Estado, que é sobretudo de base territorial, ou seja, refere-se ao controle exclusivo de relações sociais pelo controle de uma parcela do espaço sobre o qual exerce sua jurisdição, foi abalada também (e talvez sobretudo) por uma série de problemáticas que ampliaram sua escala a ponto de hoje se transformarem em questões globais. As bases territoriais sob as quais funciona o Estado-nação não são capazes de gerir ou de intervir eficazmente nesse tipo de questão. Nesse caso encontram-se problemas como os ligados à poluição (o que inclui o aquecimento global), à gestão de "recursos naturais" (como os recursos hídricos), à mobilidade da população (através de redes de migração globalizadas, que podem incluir o fluxo de refugiados), aos circuitos ilegais da economia, ao capital financeiro, ao terrorismo transnacional e à proliferação de armas de destruição em massa.

As novas tecnologias também exerceram influência sobre a perda de poder dos Estados. O geógrafo Milton Santos chama a atenção para o fato de que os objetos técnicos que cada vez mais povoam nosso espaço cotidiano são, como todo objeto técnico, "objetos impregnados de intencionalidade", e não podemos entender esse novo espaço que se configura no mundo a não ser como "um sistema de objetos e um sistema de ações".

As novas tecnologias na condição de objetos devem ser compreendidas em conjunto com o sistema de normas e regulações a que estão associadas. A flexibilidade locacional das empresas, possível tecnicamente, vem junto com as políticas de flexibilização da legislação trabalhista; a diminuição do papel do Estado vem conjugada à condenação de todo nacionalismo e retira dois pilares do exercício da soberania do Estado-nação: 1 – o militar, na medida em que as novas tecnologias de morte são globais (mísseis balísticos intercontinentais, controles remotos por meio de sensores remotos por satélite); e 2 – o financeiro, com os organismos internacionais mudando seu papel de organismos de "reconstrução e desenvolvimento" para organismos de controle financeiro, tudo isso possível com a ruptura unilateral do contrato de Breton Woods, já comentada.

A maior demonstração de que as novas tecnologias não se inscrevem em um espaço vazio de histórias e de lutas vem do Chile, país que inaugurou, com uma ditadura cruel, as políticas de ajuste estrutural e de Estado mínimo, antes mesmo de Reagan e Thatcher. Na Argentina, a imposição dessas mesmas políticas implicou o massacre de Córdoba, de 1968 – *El Cordobazo* – e também, depois, uma ditadura cruel, que deixou, segundo Victor de Gennaro, secretário-geral da Central de Trabalhadores Argentina, uma pesada herança de "trinta mil companheiros desaparecidos, a maioria trabalhadores ou dirigentes sindicais, mais de cem mil presos e detidos, mais de quinhentos mil exilados, além de mais de meio milhão de delegados ativistas despedidos das fábricas".

Assim, mais do que um mundo que funciona em rede, que sobrevaloriza o mundo da virtualidade na qual o fluxo do dinheiro se daria sem atrito, há uma "desmaterialização" cruel e, até mesmo, macabra – o que inclui tortura, assassinatos, mortes, exílio. Na América Latina, região que mais longe levou à prática as políticas do Consenso de Washington, as ditaduras antecederam essas políticas.

Em uma contraofensiva à globalização das tecnologias da informação e sua influência de mão dupla – conservadora e progressista – usufruída por aqueles que têm acesso à Internet, tivemos a reação de alguns Estados que, de diversas formas, ainda tentam controlar os fluxos da *web*, como a

China, o Irã e os EUA, este com o sofisticado Programa por satélite Echelon. O impacto da globalização econômica e do ciberespaço da informação é visto por muitos autores como o principal fator a produzir a polêmica "desterritorialização" do Estado e a correspondente (e ilusória) remoção de suas fronteiras.

Na verdade, como já comentamos, mais do que desaparecendo, as fronteiras político-administrativas estão mudando seu papel (muito mais relevante no controle da mobilidade humana, por exemplo) e, muitas vezes, mudando de escala, especialmente no caso de grandes blocos econômicos, como a União Europeia. A formação dessas grandes entidades econômicas (ou, no caso da Europa, político-econômicas) supranacionais é outro indicador muito relevante da perda, ou melhor, da reestruturação do poder dos Estados nacionais.

A ideia da formação de grandes blocos econômicos começa após as Grandes Guerras Mundiais, justamente em uma tentativa de retirar poder de Estados, especialmente os de maior vocação beligerante, e garantir a paz e o crescimento em um período de grave crise econômica. A iniciativa de maior sucesso até hoje foi também a primeira a se consolidar: a da União Europeia, que começou como mera entidade econômica setorial – a Ceca (Comunidade Europeia do Carvão e do Aço), e se expandiu por toda a economia como "Comunidade Econômica Europeia" até atingir a atual conformação que incorpora ainda uma forte dimensão político-institucional. No caso europeu, tratava-se também de fazer frente ao crescimento do poderio norte-americano e soviético (depois japonês) no cenário internacional, dentro das disputas intercapitalistas por hegemonia.

É interessante verificar, como mais uma prova do caráter ambivalente e contraditório da reprodução capitalista, que, ao mesmo tempo em que se fortalecia o neoliberalismo econômico, estruturavam-se os grandes blocos econômicos ou mercados comuns continentais. Assim, surgem nos anos 1980-90 o Nafta (*North American Free Trade Agreement*), Acordo Americano de Livre Comércio, reunindo Estados Unidos, Canadá e México; o Mercosul, entre Brasil, Argentina, Uruguai e Paraguai; e a Asean (Associação das Nações do Sudeste Asiático), cuja natureza político-militar inicial se amplia pela esfera econômica. Várias outras associações menores são criadas ou reestruturadas ao longo do globo, como o Pacto Andino e o Mercado Comum Centro-Americano, na América Latina, a SADC (Comunidade de Desenvolvimento da África Austral), o Magreb e a associação dos países da África Ocidental, no caso da África etc.

A mobilização atual pela ampliação de alguns destes blocos mostra que a competição intercapitalista continua acirrada, cada potência (econômica e político-militar) mundial ou regional tenta manter seu "controle" (pelo menos em termos comerciais) de seus parceiros privilegiados. É nessa tática que se inclui a polêmica construção da Alca (Área de Livre Comércio das Américas), sob os auspícios dos Estados Unidos e apoio claro de Canadá e México, que, como parceiros do Nafta, praticamente já acertaram suas contas no jogo de perdas e ganhos na conformação de um mercado comum. Trata-se sobretudo de garantir o controle sobre mercados privilegiados e tidos como parceiros "naturais" na geopolítica do comércio mundial.

É muito interessante observar que, mesmo sendo blocos claramente voltados para o estímulo das atividades econômicas e a acumulação de capital, há sempre, também, fortes interesses políticos em jogo. O fato de Cuba ficar de fora do projeto da Alca é um exemplo claro de como interesses políticos e econômicos se mesclam e interferem um no outro, mesmo em iniciativas tidas como eminentemente econômicas. Por trás da Alca encontra-se embutida, embora não de forma explícita, a intenção geopolítica norte-americana de manter um controle mais seguro sobre o seu "quintal" latino-americano, que, integrado economicamente, tenderia a resistir menos em termos de desdobrar projetos políticos próprios, pela perda de autonomia das políticas econômicas nacionais. Por outro lado, a retórica neoliberal dos "mercados livres" e/ou da ampliação de mercados (sempre a favor de economias já privilegiadas) acompanha como pano de fundo a ampliação dos grandes blocos econômicos.

É evidente que, mudando ou não a escala da gestão (com a inserção de novos níveis supranacionais como os dos "blocos" e os das ONGs – organizações não governamentais), o Estado ainda mantém funções muito importantes. Mesmo no âmbito econômico, onde perde poder para as grandes corporações nos níveis local e global, o aparato estatal continua com uma função relevante na medida em que procura exercer controle (bastante variável segundo o país) sobre a moeda, os juros e as taxas de câmbio, a jurisdição da propriedade da terra (além de possuir vastas áreas sob sua gestão direta, sobretudo áreas militares), a manutenção de subsídios em setores estratégicos (ou com *lobbies* muito fortes) e o controle, direto ou indireto, de recursos energéticos – vide duas iniciativas opostas, uma, legítima, a da nacionalização do gás e petróleo bolivianos, e outra, ilegítima, a invasão do Iraque pelos Estados Unidos, entre outros motivos, para assegurar o acesso a suas reservas de petróleo.

Para alguns autores, a nova "sociedade de controle" ou, como preferimos, "da segurança", tornada ainda mais explícita após os ataques terroristas de 11 de setembro de 2001, trouxe novo fôlego aos Estados-nações. Agora é sob o álibi da "segurança" e do "controle da violência" que se verifica o refortalecimento político-teológico do Estado (pois é em nome de um Deus que muitas vezes se age). Enquanto nas modernas sociedades disciplinares (na linguagem de Michel Foucault) o objetivo maior era tentar de alguma forma adestrar e (re)inserir socialmente os indivíduos ("excluídos" ou "anormais"), "produzindo a ordem", hoje a questão básica é, pela segurança, "regular a desordem". Dois dos principais processos legitimadores dos discursos sobre o fortalecimento da segurança são o tráfico de drogas e o terrorismo globalizado, analisados a seguir.

As redes ilegais de poder: o tráfico de drogas e o terrorismo globalizado

A desregulamentação dos mercados, que é uma característica central da globalização neoliberal, veio acompanhada também pela proliferação das redes ilegais ou ilícitas da economia. Essas, vistas muitas vezes como "poderes paralelos", correspondem na verdade a circuitos de poder profundamente integrados ao sistema legalmente reconhecido, seja por serem alimentadas por ele quanto no sentido de alimentarem sua reprodução. Embora presentes há muito tempo na história, esses circuitos ilegais avançaram com muita força durante as últimas décadas.

Ainda que a ligação entre agravamento das condições sociais e aumento dos circuitos econômicos ilegais não deva ser hipostasiada, essas redes de comércio e de poder funcionam também como espécies de válvulas de escape diante do crescente desemprego e da precarização do trabalho, e encontram-se plenamente associadas à expansão do capital financeiro globalizado. Economia desregulamentada, "Estado mínimo", precarização crescente do emprego, endividamento e especulação financeira generalizados formam um campo fértil para a proliferação de redes ilegais de economia e de poder.

Em meio a tantos fluxos ilegalmente constituídos, como o tráfico de pessoas, de órgãos, de armamentos, a etnobiopirataria etc., destacaremos aqui duas entre as grandes redes que articulam poderes e economias ilícitos ou ilegais: o tráfico de drogas, responsável pelo maior movimento de capitais dentro da chamada economia ilegal, além de exercer enorme influência nos circuitos de poder; e o terrorismo globalizado, cada vez mais atuante como forma de reação violenta contra os mecanismos "oficiais" de poder, mas que teve sua origem no próprio "terror" alimentado pelo Estado.

O TRÁFICO DE DROGAS

Embora muito antigo em termos históricos, o tráfico de drogas mobiliza hoje um contingente de pessoas e um montante de recursos inéditos na história. Não há país na face da Terra que não esteja, de uma forma ou de outra, articulado na sua teia de poder. As facilidades de deslocamento e transporte no atual período técnico-científico promoveram um incremento substancial nas atividades do chamado "narcotráfico"[3] e sua globalização.

É interessante verificar como o circuito da droga, altamente dinâmico, envolve desde as áreas de produção (onde o camponês pode receber valores que correspondem a menos de 1% do valor do produto final nos países centrais) até os fluxos comerciais, os sistemas de segurança (muitas vezes associados ao aparelho estatal) e o sistema bancário e financeiro internacional (a "lavagem" ou "branqueamento" do dinheiro "sujo" obtido com o tráfico). Cada um desses momentos compreende um conjunto muito complexo de relações entre grupos privados, paramilitares, Estado e grandes corporações globalizadas.

---

[3] MACHADO, L. O comércio ilícito de drogas e a geografia da integração financeira: uma simbiose? In: CASTRO, I. et al. (orgs.) *Brasil*: questões atuais da reorganização do território. Rio de Janeiro: Bertrand Brasil, 1996, ressalta que o termo *narcotráfico* é incorreto, pois os "narcóticos", como a heroína, são apenas um dos vários tipos de droga, que incluem ainda "estimulantes", como a cocaína, e "depressivos", como o álcool. Daí utilizarmos aqui o termo sempre entre aspas.

O Mapa 2 (p.63) sintetiza a geografia dessas redes, desde as principais áreas produtoras até os principais consumidores, nos países centrais. Observa-se claramente, também aqui, uma nítida divisão internacional do trabalho em que cabem sempre mais à periferia a produção e mais aos países centrais o consumo e a concentração do capital gerado pela atividade ilícita. Países centrais e de economia intermediária, como o Brasil, também atuam no fornecimento de produtos já industrializados utilizados no beneficiamento da droga.

São justamente algumas das áreas mais "excluídas" (nesse caso, aparentemente excluídas) dos circuitos da globalização que usufruem as melhores condições para a produção da droga, tais como mão de obra extremamente barata e vulnerável, facilidade de controle (pela presença fraca do Estado ou em função de Estados corruptos) e condições físicas adequadas: o "triângulo dourado" do interior de Myanmar e o Afeganistão, para a produção da papoula (fonte de ópio para a heroína); zonas florestais recuadas da Bolívia, Peru e Colômbia para a produção de coca (cocaína); o sertão nordestino, o interior do Paraguai e as montanhas do Marrocos para a produção de *cannabis* (maconha) etc.

Os vínculos entre o tráfico de drogas, o Estado e o grande capital são bem conhecidos. Muitos Estados, especialmente nos países periféricos, têm ligações muito fortes com o dinheiro e o poder do "narcotráfico". Além de manter muitos grupos guerrilheiros e paramilitares (vide os vínculos do terrorismo com a produção e tráfico de drogas), o tráfico de drogas alimenta ditaduras e regimes corruptos (e outros aparentemente nem tanto). Sua associação com o tráfico de armamentos é intensa. Movimentos separatistas como os de Mindanao, nas Filipinas, ou da província de Aceh, na Indonésia, são claramente mantidos com recursos provenientes do tráfico. Governos recentes no Afeganistão, no Paquistão, no Camboja e no Peru revelaram fortes laços com o tráfico de drogas.

A NOVA DES-ORDEM MUNDIAL

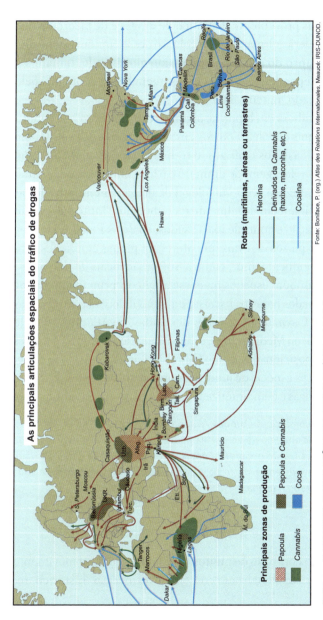

MAPA 2 – AS PRINCIPAIS ARTICULAÇÕES ESPACIAIS DO TRÁFICO DE DROGAS.

Com relação ao capital financeiro global, o montante de divisas proveniente do tráfico de drogas é de tal ordem que se poderia afirmar que um colapso nesse circuito significaria o colapso do próprio capitalismo globalizado, tamanha a sua dependência dos recursos injetados na economia pelo chamado "narcotráfico".

Embora em hipótese alguma restrinja-se ao "narcotráfico", pois envolve *n* outros circuitos ilegais e a-legais (como o dos cassinos e bingos, o tráfico de armas, a prostituição etc.), a "lavagem" de dinheiro é o instrumento fundamental que integra a economia ilegal da droga aos circuitos do capital financeiro legalmente reconhecidos. Tanto países com legislação e controle mais rígidos, como os Estados Unidos, como países centrais que ofereçam plenas condições para o "branqueamento", como a Suíça, são locais de "lavagem". Há também espaços mais estratégicos, principalmente os chamados paraísos fiscais: pequenas ilhas isoladas, como as Ilhas Cayman, no Caribe; Bermudas, no Atlântico; ilha de Malta, no Mediterrâneo; e ilhas Maurício, no Índico; enclaves bem posicionados, como Gibraltar, Cingapura e Hong Kong.

Essa espécie de multiterritorialidade das redes do tráfico de drogas é bem sintetizada por Machado quando afirma que:

> o comércio de drogas ilícitas tem o caráter de atividade transnacional, opera em escala global, mas seus lucros dependem da *localização geográfica dos lugares de produção e de consumo, da existência de fronteiras nacionais e da legislação de cada estado nacional.*[4]

O TERRORISMO GLOBALIZADO

Ao contrário de muitos, que pensam o atual movimento terrorista globalizado como um "retrocesso" histórico, re-

---
[4] Ibidem, p.30-1, grifo da autora.

montando aos tempos de "barbárie" pré-modernos, observamos que, a exemplo do tráfico de drogas, não se trata de um fenômeno "paralelo" ou uma "excrescência" ao sistema vigente. As próprias contradições do sistema capitalista podem engendrar este tipo de reação. Como afirma John Gray, ele é um produto da globalização:

> Como os cartéis mundiais da droga e as corporações virtuais de negócios que se desenvolveram nos anos 1990, ele apareceu numa época em que a desregulação financeira criou vastos *pools* de riqueza *offshore* [*paraísos fiscais*] e em que o crime organizado tornou-se global.[5]

O terrorismo internacional, originalmente restrito ao interior das fronteiras dos Estados-nações – são bem conhecidos os casos basco e norte-irlandês, por exemplo –, não é apenas um fenômeno pontual e bem individualizado. Há muito tempo ele se estende pelo interior dos próprios aparelhos de Estado. Confunde-se então o "legal" e o "ilegal", em um amálgama muitas vezes difícil de distinguir. Alguns sugerem identificar um "terrorismo de Estado", quando, por exemplo, o Estado, contrariando a ordem legal vigente, tolera ou mesmo patrocina milícias privadas a fim de massacrar populações civis. A América Latina tem sido palco de uma larga ação desses grupos paramilitares, sobretudo desde o massacre que se seguiu ao golpe de Estado patrocinado pelos EUA contra o governo democrático de Jacobo Arbenz, na Guatemala, em 1954. Hoje, Colômbia, El Salvador, Honduras e a própria Guatemala se constituem nos casos mais dramáticos.

Tal como ocorre com o tráfico de drogas, direta ou indiretamente, em maior ou menor grau, encontramos vinculações claras entre o Estado formalmente instituído e as ações terroristas, em certos casos um nitidamente fomentando o

---

[5] GRAY, J. *Al Qaeda and What it Means to be Modern*. Londres: Faber and Faber, 2003. p.1.

outro. Ocorre que podemos fazer uma distinção mais clara especialmente quando verificamos o nível de violência e os objetivos envolvidos nas ações terroristas. Além disso, é fundamental distinguir o clássico terrorismo "paraestatal", como no caso do ETA basco e do IRA irlandês, e o atual terrorismo globalizado, do qual a Al Qaeda é o exemplo mais representativo.

No "hiper" ou "megaterrorismo" globalizado da rede Al Qaeda, dois fenômenos novos podem ser apontados, além da magnitude da maioria das ações: a mundialização de suas articulações (inclusive financeiras) e o caráter difuso de sua organização, com redes "rizomáticas", sem uma clara centralidade, e que podem eclodir em locais inusitados, muitas vezes sem nenhum controle exercido por aqueles que são considerados seus mentores e/ou dirigentes principais.

De um ponto de vista geográfico, é fundamental entender a lógica das grandes redes terroristas não apenas como uma "lógica reticular" ou de redes, mas também como uma lógica de um novo tipo de território – um "território-rede" – e, ao mesmo tempo, a utilização de uma enorme gama de diferentes tipos de territorialidade, a começar por aquelas mais tradicionais, como os territórios-abrigo das cavernas do Afeganistão.

Em termos de redes, os terroristas da Al Qaeda estavam – ou estão – articulados a diversos circuitos ilegais da economia, desde o cultivo de papoula para a produção de heroína no interior do Afeganistão e de Myanmar à exploração e comercialização ilegal de diamantes em Serra Leoa e lavagem de dinheiro em bancos da Irlanda e da Suíça. O recurso à Internet é fundamental, mesmo quando reclusos no interior de cavernas nas montanhas mais recônditas do Afeganistão e do Paquistão.

Como grande empresário, incluindo o setor da construção civil (reconhecida área de lavagem de dinheiro), Osama

Bin Laden mantinha recursos em várias instituições bancárias, movimentando uma fortuna pessoal estimada em 250 milhões de dólares e um montante de 3 bilhões para a rede terrorista no seu conjunto, incluindo vários doadores privados e contribuições de governos.

No que se refere a territórios-zona ou territórios no sentido mais tradicional, foram (ou são) grandes as vinculações com diversos Estados-nações, principalmente em termos de apoio logístico. É interessante notar que se trata quase sempre de países frágeis, de controle territorial instável, como a Somália (dividida em pelo menos três unidades políticas), o Sudão (com a mais longa guerra separatista da África) e o Afeganistão – exatamente os três países que acolheram Bin Laden após a sua saída da Arábia Saudita.

Por seu caráter muito mais difuso, fragmentado e descontínuo (mas não desarticulado) no espaço geográfico, o megaterrorismo constitui um dos âmbitos ilegais mais perversos da globalização e, em vários sentidos, o seu produto direto. É importante lembrar que as conexões de uma rede como a Al Qaeda se estendem desde os territórios mais marginalizados dos processos de globalização, como os do interior afegão, até as "mecas" do capitalismo globalizado, como Manhattan.

Ainda que possa surgir em áreas centrais do capitalismo mundial, é nas áreas mais pobres e excluídas (onde aparece aquilo que denominamos "aglomerados de exclusão") que a rede do terrorismo de fundamentação religiosa pode ser legitimada, como portadora das últimas esperanças de quem não tem mais nada a perder e sente-se assim em condições de enfrentar sem medo a morte "redentora". Informações mostram que nos campos de treinamento da Al Qaeda no Afeganistão estavam jovens de 25 países, entre eles os países pobres ex-soviéticos da Ásia Central, do norte e do "chifre" da África, do Oriente Médio, do Iêmen, de Bangladesh, das Filipinas e da Rússia.

Uma característica fundamental da rede terrorista, portanto, é a de articular-se em múltiplos territórios e múltiplas escalas, numa "multiterritorialidade" complexa. Ao contrário do que dizem alguns, não se trata de uma dinâmica do terror "desterritorializada", por aparentemente não dispor de bases fixas e de continuidade física para a sua estruturação, mas multiterritorial. Apesar de móveis, relativamente fluidas, descentralizadas e espacialmente fragmentadas, trata-se de organizações territorialmente articuladas, com estratégias territoriais montadas em torno de territórios-rede, mas que também se conjugam com outras formas de organização territorial, como a dos Estados-nações, espaços locais (como as "células" altamente flexíveis no interior de grandes cidades) ou redes globais (como as do tráfico de drogas, do contrabando de armas e do sistema financeiro).

Citemos o caso do Hammas, grupo político-religioso palestino, que, embora não esteja diretamente vinculado ao que aqui estamos denominando "terrorismo globalizado", demonstra os complexos deslizamentos que historicamente se processam com a combinação de estratégias móveis e descentralizadas montadas em torno de territórios-rede clandestinos, que se combinam com a ascensão, por mecanismos democrático-liberais, a estruturas de poder típicas dos territórios zonais clássicos, com a recente eleição desse grupo ao governo da Autoridade Nacional Palestina. Registre-se que o grupo Hammas procura retirar sua legitimidade alegando, sistematicamente, que sua ação se dá contra a invasão de territórios que considera estarem sendo ocupados ilegitimamente por Israel.[6]

---

6 Nessa região, não é a primeira vez que tal fenômeno ocorre, como se pode verificar pelas ações terroristas praticadas tendo por objetivo a criação do Estado de Israel, quando, até mesmo, a embaixada da Inglaterra chegou a ser explodida pela ação de grupos pró-Israel, e o caso de Yasser Arafat e sua organização OLP – Organização para a Libertação da Palestina – que de terrorista chegou à chefia de Estado (na verdade de um quase-Estado, como é o caso da Autoridade Nacional Palestina).

Uma lição que o terrorismo globalizado nos traz é a de que a eficácia do poder, hoje, passa pela capacidade e a agilidade em atuar nas mais diversas escalas e pelos mais diferentes tipos de território, usufruindo assim das vantagens que cada um deles proporciona. Se há algum aprendizado a tirar da lógica territorial do terror é que, hoje, o poder pode estar nas mãos de quem é capaz de jogar com essas múltiplas escalas: do local ao regional, do nacional ao global. Quanto mais presos ficarmos a um território e a uma escala específicos, mais estaremos sujeitos a perder o poder de controlar pessoas, objetos e ações.

As organizações não governamentais

As ONGs – organizações não governamentais – talvez sejam as entidades que melhor indicam o "caos sistêmico" ou a des-ordem socioespacial fruto da tensão de territorialidades que nos atravessa, até porque em torno delas é que o fenômeno rede, fundamental no des-ordenamento do espaço contemporâneo, ganha sua maior legitimidade. Afinal, as ONGs não só contribuem para debilitar o Estado-nação como, ao mesmo tempo, colocam novos desafios aos movimentos sociais.[7]

A própria regulamentação das ONGs pela ONU é um bom indício do "caos sistêmico" dos conflitos de territorialidades que vivemos. Afinal, a ONU é constituída pelos Estados nacionais e são eles que, soberanamente, abrem mão de parte da soberania ao consagrar formalmente entidades que se definem como *não governo*.

---

[7] Como ressaltamos em outro momento, um debate foi aberto nas Ciências Sociais, em que se opôs o conceito de Rede ao de Território no qual, quase sempre, o grande ausente são os protagonistas de um e de outro, num verdadeiro *mito da desterritorialização* (HAESBAERT, R. *O mito da desterritorialização*. Rio de Janeiro: Bertrand Brasil, 2004).

As primeiras organizações não governamentais, como a Cruz Vermelha Internacional e a Médicos Sem Fronteiras, legitimavam-se por razões humanitárias em situações de guerra ou de calamidades. O direito à vida, no seu sentido mais elementar, biológico, era ressaltado. Logo depois, com a Anistia Internacional, já não se trata do direito à vida simplesmente, mas à liberdade, aos direitos humanos. Assim, o direito à vida e à liberdade colocam-se como direitos que se sobrepõem ao de soberania, embora o direito soberano de os Estados declararem guerras, por exemplo, continue sustentando a territorialidade dos Estados nacionais. Não é pouco tenso este conflito de territorialidades que envolve a ação de diferentes protagonistas.

As próprias ONGs já se verão instrumentalizadas por outros protagonistas ainda na Guerra Fria, quando o governo dos EUA, no início dos anos 1960, com a sua Aliança para o Progresso, lança mão de organizações não governamentais, como a Cáritas, para a distribuição de leite e alimentos como resposta à Revolução Cubana e sua influência na América Latina e Caribe. Alegava-se razões humanitárias em um momento em que havia um forte sentimento antiamericano alimentado não só por ideologias nacionalistas como pelas esquerdas – *yankees go home* e "abaixo o imperialismo ianque".

A partir dos anos 1970 e, sobretudo, dos anos 1980, essas entidades não governamentais eclodem em todo o mundo impulsionadas por várias razões, entre as quais: (1) as políticas de ajuste estrutural e seu Estado mínimo, com seu desmantelamento dos direitos sociais universais que conformavam a cidadania no escopo do Estado territorial nacional; (2) o aumento do desemprego que, por duas vias distintas que se complementam, reforça o fenômeno das organizações não governamentais – de um lado, o desemprego dos sem-qualificação e, de outro, os desempregados qualificados, muitos dos quais com formação universitária, fruto da mudança nas relações de poder por meio da tecnologia;[8] (3) o aumento generalizado da miséria no mundo.

O ciclo se fecha quando o desamparo generalizado passa a ser coberto por políticas focalizadas, em que o elogio da flexibilização e maior capilaridade das ONGs parece compor o ideário neoliberal. Aqui, a própria expressão que as nomina – organizações que se afirmam pelo *Não* ao *Governo*, como *Não govern(o)amentais* – empresta-lhes um sentido extremamente ambíguo diante das políticas de ajuste estrutural recomendadas pelo FMI e Banco Mundial. Isso se torna mais grave, ainda, quando se sabe da apologia que essas instituições multilaterais fazem às organizações não governamentais, ao mesmo tempo em que (im)põem políticas de flexibilização generalizada e de esvaziamento do Estado.

Assim, além de Estados e de organizações multilateriais há, ainda, outra instrumentalização das ONGs por meio das grandes corporações empresariais que procuram financiar projetos específicos através dos quais, mais do que as causas implicadas, procuram viabilizar seus interesses. Esse é bem o caso de empresas do setor do petróleo que, apesar de contribuírem em muito para o aumento do efeito estufa, financiam pequenos projetos de sequestro de CO_2, aproveitando-se de muitos universitários desempregados por meio do estímulo à criação de ONGs. Assim, em nome de boas causas, começa-se a legitimar o trabalho precário, na medida em que a maior parte dos que militam em ONGs não têm direitos sociais garantidos e dependem de novos

---

8 Cada vez mais, vê-se o apelo à competência mais do que à militância, pelo menos à maneira amadora com que a esquerda queria transformar o mundo. Cada vez mais, apela-se ao *uso racional dos recursos* e à *gestão*, expressões que por si mesmas indicam quem são estes novos protagonistas, na sua maior parte oriundos do campo técnico-científico, lugar por excelência do discurso racional, destes que em número cada vez maior se veem desempregados pela revolução nas relações de poder provocada pela tecnologia.

financiamentos, colocando-se, frequentemente, na dependência da agenda dos financiadores.

Assim, à medida que a maior parte dos direitos sociais e trabalhistas (férias, seguridade social, entre outros) vai sendo extinta, em íntima relação com a perda de influência política dos sindicatos, dos partidos políticos e de outras entidades de representação política, vemos a perda de influência do papel político da sociedade civil que se conformava em torno do Estado-nação.

As organizações não governamentais estariam, assim, contribuindo para a fragilidade da sociedade civil tradicional. Note-se que neste processo duas escalas geográficas têm sido valorizadas, a escala local e a escala supranacional, com claro esvaziamento da escala nacional. Mesmo a ação das ONGs junto às populações indígenas e afrodescendentes, na qual podemos ver um aspecto positivo, aponta no mesmo sentido do esvaziamento da sociedade civil. Afinal, trata-se de segmentos da sociedade que ficaram alijados da cidadania na conformação contraditória dos Estados nacionais, sobretudo nos antigos territórios coloniais onde, apesar da independência, permaneceu ainda a colonialidade.

As ONGs são entidades que não têm mandato nem representatividade política. Com isso, contribuem para dissociar a relação de poder entre a população e o seu território – todo o poder emana do povo (de um território) e em seu nome será exercido (por meio das instituições do Estado). Há, assim, uma dissociação entre o lugar onde os problemas são vividos e o lugar de sua organização política, fortalecendo, cada vez mais, o papel de terceiros – as ONGs – como mediadores.

Boa parte dessas organizações está vinculada a redes que operam não só para além dos territórios nacionais, como também nas comunidades que diretamente vivenciam as necessidades. Assim, as ONGs retiram sua legitimidade da crise das territorialidades herdadas, para o que contribuem com sua própria ação. Grande parte da sua legitimidade moral é retirada do apelo frequente à ética, que, assim, ocupa cada vez mais o lugar da política na formulação dos direitos humanos, no combate à fome, no atendimento às crianças abandonadas, no combate à Aids, nas questões do meio ambiente.

O fenômeno das ONGs terá uma verdadeira explosão quando se esboroa um dos pilares do padrão de poder que sobrecondicionava a des-ordem mundial até 1989 – a queda do muro de Berlim seguida do colapso do regime do capitalismo de estado monopolista[9] da URSS. Com isso, muitas instituições que se afirmavam por meio daquela territorialidade, qual seja, os partidos comunistas e social-democratas e muitos sindicatos perdem sua influência, assim como a própria territorialidade dos Estados-nações que ajudavam a manter essas instituições de pé.

Com a queda do muro de Berlim foram libertadas múltiplas singularidades que, até então, tinham permanecido invisíveis e sem expressão. Os anos 1990 inauguram, assim, um novo ciclo de lutas, mundializado como se uma nova ordem mundial estivesse sendo gestada. Os movimentos sociais e as ONGs foram os protagonistas que se apresentaram como novos na conformação de novas territorialidades. Não sem sentido, é em torno do que podemos chamar de ciclo de conferências da ONU que vai se ensejar um esboço de uma sociedade civil mundial, ainda que de modo contraditório.

A Rio 92, conferência convocada pela ONU para debater meio ambiente e desenvolvimento (vide Capítulo 5), não só

---

[9] Acompanhamos aqui a caracterização do cientista social português João Bernardo que afirma que o mundo contemporâneo vem sendo comandado por duas variantes de capitalismo: o Capitalismo Monopolista de Estado, hegemonizado pelos grandes complexos corporativos empresariais, sob a órbita de influência geopolítica estadunidense, e o Capitalismo de Estado Monopolista, hegemonizado pela classe dos Gestores, sob a órbita de influência geopolítica, até 1989, da URSS e, hoje, da China. Consultar BERNARDO, João, *O inimigo oculto* – ensaio sobre a luta de classes (Manifesto Antiecológico), Porto: Afrontamento, 1979.

teve a presença dos principais mandatários do mundo, como também em torno dela se organizou a primeira conferência paralela a esses fóruns globais. Embora o fórum oficial se reunisse em ambiente fechado e protegido por segurança como o Rio de Janeiro jamais houvera visto, no Riocentro, o outro fórum, o paralelo, reunia-se em lugar aberto no aterro do Flamengo com milhares de militantes de movimentos sociais e de ONGs. Todas as conferências da ONU – da Mulher, do *Habitat*, da População, do Racismo – que se seguiram passaram a contar com fóruns paralelos, o que indica a demanda de participação protagônica à escala mundial colocada por esses novos sujeitos políticos.

Além disso, diante de cada novo passo dado pelos agentes até então exclusivos da concertação mundial – os Estados e seus gestores, o capital e os gestores supranacionais –, os movimentos sociais inventavam outros passos. O mais expressivo deles se deu em 1994, em Chiapas, quando o Exército Zapatista de Libertação Nacional, em resposta à criação do Nafta, trouxe à cena mundial o lado colonial do sistema-mundo que se preparava para entrar em nova fase.[10] É como se a partir de agora não se pudesse mais olvidar esses novos protagonistas. Em 1999, em Seattle, vários movimentos sociais e ONGs promoveram uma grande manifestação contra a OMC, organização que passava a tomar um enorme relevo, exatamente quando aumentava a pressão mundial por democratizar os organismos internacionais. Assim, uma entidade voltada para fins econômicos, como a OMC, esvaziava as determinações políticas de fóruns internacionais, como a ONU.

De 1994, em Chiapas, até Seattle, em 1999, vai ensejando-se a formação de um grande fórum mundial que muito bem pode ser sintetizado no título de uma das últimas obras

---
[10] Os EUA até então vinham opondo-se à formação desse blocos, sobretudo à Comunidade Europeia.

do geógrafo Milton Santos, *Por uma outra globalização*. Em 2000, reúne-se em Porto Alegre o Fórum Social Mundial, e milhares de militantes de movimentos sociais e de ONGs de todo o mundo põem em debate as grandes questões da humanidade e do planeta, sem a hegemonia dos Estados e dos partidos políticos tradicionais, em nome de "um outro mundo possível".

O clima de esperança que havia no Rio de Janeiro em 1992 com a presença de múltiplos movimentos – indígenas, camponeses, afrodescendentes, operários, homossexuais, ambientalistas, pacifistas, mulheres, crianças – de todos os cantos do mundo dá um sentido de que uma outra globalização é possível, muito embora a grande mídia continue, contra todas as evidências, a chamar esse movimento de movimento antiglobalização. Além de se colocarem, ainda que de modo confuso, contra os grandes protagonistas da globalização hegemônica – as grandes corporações industriais e financeiras, os estados imperialistas, a OMC –, não são poucas as contradições existentes entre os diversos movimentos sociais entre si e destes com as ONGs.

Entre essas contradições, destacamos, de um lado, o fato de muitas ONGs serem financiadas por grandes corporações, pelo Banco Mundial ou, ainda, por Estados e, de outro, o fato de não poucos movimentos sociais buscarem em escala internacional apoio para suas lutas locais, com muitas das suas reivindicações se fazendo contra os Estados nacionais que se conformaram oprimindo-os ou explorando-os – afrodescendentes, sem-terra, camponeses (do que a luta dos seringueiros da Amazônia brasileira é emblemática), sem-território (povos originários), intocáveis (*dalits*) –, e, assim, sem ter muito clara a territorialidade que melhor conformaria seus direitos. Por todo lado, há demandas por novas configurações territoriais. De novo, e nos parece, definitiva é a presença de novos protagonistas agindo e legitimando-se como tendo direitos a ter direitos numa escala em que, até aqui, estavam "invisibilizados". Eis os desafios, as contradições e os novos protagonistas.

Os movimentos de resistência e o novo espaço global de poder

Nem só de 1648 (Westfália) e de 1948 (ONU) vive a configuração geográfico-política do mundo contemporâneo. Há um outro 48, o do Manifesto Comunista de 1848, que ronda nossa contraditória ordem mundial. Seu brado final – "proletários de todo o mundo, uni-vos!" – indica a emergência de novos-velhos protagonistas na des-ordem mundial – os trabalhadores.

É bom que se diga que múltiplas foram as resistências das populações originárias e de afrodescendentes que se opuseram à conquista e à modernização que os europeus tentaram impor ao mundo desde 1492. No México, rebeliões zapotecas são registradas desde 1547 e dos mixes desde 1570, para nos restringirmos a populações que habitam o istmo de Tehuantepec. Tupac-Amaru, Zumbi, Ganga Zumba, o guarani Sepé Tiaraju e o haitiano Toussaint Loverture são alguns nomes dessa resistência silenciada. Ainda hoje, 65% da população do Paraguai falam sobretudo guarani, 30% o guarani e o espanhol e somente 5% dos paraguaios falam somente o espanhol, revelando uma enorme resistência político-cultural. O mesmo pode ser visto na Bolívia e no Equador, e, mesmo no México, um dos objetivos expressos no Plano Puebla-Panamá é, simplesmente, castelhanizar a população do sul do país, isso depois de quinhentos anos de hegemonia política europeia no mundo. Todavia, toda essa resistência permaneceu invisível até muito recentemente, o que por si só indica o isolamento a que ficaram os "de baixo" submetidos até aqui e como, hoje, já se colocam como protagonistas da nova ordem que se configura.

O "internacionalismo proletário" antecipou o novo espaço onde as lutas sociais pela libertação deveriam ser travadas – o terreno supranacional. O ciclo de lutas iniciado em 1848 teve seu ápice em 1871 na Comuna de Paris, o primeiro embate verdadeiramente multiterritorial das lutas de classes em tempos moderno-coloniais. As elites alemãs e francesas esquecerem momentaneamente suas divergências para combater o que avaliaram ser o perigo histórico maior: a sublevação organizada dos "de baixo" que tomava conta, nada mais nada menos, do que de Paris. A resposta mais imediata foi o massacre que vitimou cerca de trinta mil pessoas, um dos maiores que se tem notícia na história das lutas sociais em todo o mundo.

A resposta mais duradoura que se seguiu a 1871 foi a ampliação da escala geográfica do desenvolvimento capitalista com o nacionalismo imperialista. Em 1885, a Conferência de Berlim efetuaria um novo Tordesilhas, dividindo o mundo entre as grandes potências imperialistas. A partir daí, os trabalhadores dos países imperialistas se viram imersos numa contradição entre o "proletários de todo o mundo, uni-vos" do Manifesto Comunista e a adesão à ordem burguesa, seja por meio dos direitos sociais garantidos e ampliação do consumo (o *Welfare State*, a social-democracia, o fordismo), seja por meio do "socialismo (ir)real" dos partidos comunistas.

A assimilação pelo consumo da classe operária dos países imperialistas à ordem nacional-imperialista se fez com um aprofundamento da exploração nos países coloniais e semicoloniais. Vê-se que as contradições entre os "de baixo" e os "de cima" imbricam-se com as já comentadas contradições "Norte" e "Sul". Antonio Gramsci foi quem melhor captou esta contradição ao dizer que a Revolução Russa de 1917 foi "uma revolução contra *O Capital*", numa fina ironia com o título do livro de Karl Marx. Afinal, a Rússia era o "elo mais fraco" do imperialismo, como dissera Lenin, posto que foi em um país semi-industrializado que se dava a primeira revolução que se reivindicava anticapitalista.

A questão da geografia continuou presente nas dificuldades enfrentadas para superar a fome e a miséria e instaurar uma ordem social para além do capitalismo. Seja como "socialismo num só país" ou como "revolução mundial", a questão da territorialidade dos movimentos de libertação estava posta em um novo contexto. O estalinismo e o seu "socialismo em um só país" levou ao paroxismo as contradições de movimentos de libertação que buscam apropriar-se de formas hierárquicas de poder, tal como as do Estado-nação. Aqui, mais uma vez, ganha força a tese defendida neste livro de que os contornos fronteiriços de um Estado-nação não só conformam uma delimitação *externa* do espaço de uma sociedade. Ao contrário, o território é instituído e como instituição consagra as relações sociais e de poder que se fazem por meio dele. Assim, "tomar o poder", expressão quase sempre associada ao poder de Estado, é, também, tomar o poder e suas contradições. Daí a importância atribuída por Gramsci à revolução de longo curso que se dá pelo exercício da hegemonia cultural já desde o interior da sociedade que se quer transformar. É no campo da construção de novas subjetividades que os processos de transformação se constroem.

Os anos 1960, com o movimento da contracultura, sintetizam as novas possibilidades libertadoras que se abriam, inclusive, com o aprendizado das próprias contradições dos diferentes movimentos sociais anteriores, sobretudo as do movimento operário, tanto de seus partidos políticos como dos seus sindicatos. Se por cultura entendemos um conjunto de valores que empresta sentido as nossas práticas, contracultura implica exatamente a busca de outros sentidos para o devir humano. Um novo ciclo de lutas aberto nos anos 1960 e o Maio de 68 é seu maior símbolo. "Abaixo as fronteiras", eis um dos brados de maior repercussão do Maio de 68.

Desde então, não se pode mais olvidar o protagonismo dos chamados novos movimentos sociais: mulheres, afrodescendentes, povos originários (indígenas e aborígines), por outras sexualidades, ecológicos, campesinato, jovens, crianças, entre tantos movimentos que se fazem cada vez mais presentes, conformando uma ordem mundial mais complexa porque introduz, agora de modo explícito, o componente vertical – a clivagem entre os "de cima" e os "de baixo" – na conformação tradicional horizontal – entre o centro e a periferia, entre a Metrópole e a Colônia ou entre o "Norte" e o "Sul".

Aqui é importante considerar a passagem da "sociedade disciplinar" para uma "sociedade de controle" (Foucault & Deleuze), com o deslocamento da centralidade dos espaços fechados da produção para o espaço da reprodução, enfim, para o espaço como um todo (Lefebvre). Os espaços de conformação da subjetividade – a família, a escola, o asilo, a prisão, a fábrica e o próprio Estado-nação – como espaços limitados – foram atravessados (ou "transversalizados"), de modo que a lógica que funcionava principalmente dentro das paredes institucionais agora se espalha por todo o espaço social.

A síntese política do espaço social é fixada no espaço de comunicação. Hardt & Negri salientaram que exatamente por isso as indústrias de comunicação assumiram um papel tão central:

> Elas não apenas organizam a produção numa nova escala e impõem uma nova estrutura adequada ao espaço global, mas também tornam imanente sua justificação. O poder, enquanto produz, organiza; enquanto organiza fala e se expressa como autoridade. A linguagem, à medida que comunica, produz mercadorias, mas, além disso, cria subjetividades, põe umas em relação às outras, e ordena-as. As indústrias de comunicação integram o imaginário e o simbólico dentro do tecido biopolítico, não colo-

cando-os a serviço do poder mas integrando-os, de fato, em seu próprio funcionamento.[11]

Dois foram os espaços mais visados para serem "desterritorializados": 1 – a fábrica, *locus* por excelência da conformação da subjetividade operária e; 2 – o Estado-nação, o espaço de direitos, o espaço da cidadania.

Desde os anos 1950, circulam informações de rebeliões operárias na Alemanha Oriental (1953), como explode na Hungria, em 1956, a mais ampla revolta operária contra um regime capitalista monopolista de Estado (comunista) no poder. Vale a pena destacar nestes casos o apelo democrático que emanava das fábricas, apelo este, diga-se de passagem, pouco difundido no Ocidente, que também teme que esse tipo de radicalização democrática chegue até os lugares de produção. Na Europa Ocidental, muitas "greves selvagens" desobedecem à burocracia sindical e seu centralismo e colocam em xeque a própria organização do trabalho no cotidiano das fábricas. Nesse período de lutas, em que o número de greves multiplicara-se em todos os países da Europa Ocidental, o crescimento salarial real na França alcançaria 5,4% ao ano, em 1968-69 e, nos anos 1970, cairia para 2,9% ao ano, entre 1975-76; na Itália, os aumentos salariais chegaram a 7,3%, em 1969-70 (contra 4,3% em 1966-68); na Alemanha, onde as greves "selvagens" foram mais "amenas" do que em outros países europeus, o aumento real entre 1966-68 chegou a 3,3% ao ano, mas alcançaria 9,2% em 1969-70, consequência da "greve de setembro" e das eleições de 1969, conforme Elmar Altvater.[12]

Desde os anos 1950, o nacionalismo ganhava cada vez maior expressão, agora e cada vez mais naquela parte do mundo em que a soberania westfaliana não chegara até então: na

---
[11] NEGRI, A.; HARDT, M. *Império*. Rio de Janeiro, São Paulo: Record, 2001. p.52-3.
[12] ALTVATER, E. *O preço da riqueza*. São Paulo: EditoraUNESP, 1995. p.205-6.

África, na Ásia e mesmo na América Latina e Caribe, que, nos anos 1960, embalado pela revolução cubana, entra em um novo ciclo de lutas sociais de que Ernesto Che Guevara e Salvador Allende tornar-se-iam os símbolos maiores. A simpatia que Che Guevara teria, sobretudo entre os jovens, indica a ligação dessas novas subjetividades que se constituíam na América Latina com o que se passava entre os jovens de universidades como Sorbonne, Berkeley, Los Angeles, Turim e Praga. O mesmo pode ser visto com a comoção gerada pela ditadura imposta ao Chile contra a esperança democrática do socialismo de Salvador Allende. Também o campesinato e as lutas comunitárias adquiriam uma força política que não cessaria de crescer entre os movimentos sociais de *novo tipo*. Muitos ambientalistas irão beber dessa fonte com sua crítica ao desenvolvimentismo.

Assim como em 1648, quando o Tratado de Westfália consagrou o princípio da soberania nacional, e a maior parte das regiões e dos povos do mundo, sob o jugo colonial, não podia usufruir dessa soberania, também a união dos "proletários de todo o mundo" conclamada por Marx e Engels, duzentos anos depois, era vaga e materialmente impossível à época, pois mesmo na Europa Norte-Ocidental a maior parte dos trabalhadores continuava no campo. Entretanto, não é esse o caso do mundo após 1914-18 e 1939-45 com as primeiras guerras mundiais.[13]

A Liga das Nações e, depois, a Organização das Nações Unidas, além de organismos financeiros internacionais, como o Banco Internacional de Pagamentos de 1931, indicam criações de poderes internacionais e supranacionais

---

[13] Saliente-se que essas guerras são consideradas mundiais por envolverem os territórios dos países europeus, e não só territórios coloniais. É importante sublinhar esse fato, posto que massacres cometidos na África e na América não são considerados como guerras mundiais, embora praticados por europeus ou seus descendentes contra populações originárias que não faziam parte do *mundo de significações* europeu.

que procuram regular as relações sociais e de poder à escala mundial, tanto quanto o movimento operário já sinalizara com as suas Primeira, Segunda e Terceira Internacionais. Afinal, o liberalismo havia lançado o mundo numa profunda crise em 1929, e novos gestores emergiram no cenário político na Rússia em 1917, disputando a hegemonia do controle dos trabalhadores. Enfim, por qualquer ângulo que se observe, as lutas de classes não só se internacionalizaram, como também se "localizaram" com a reinvenção do cotidiano como *locus* de lutas.

Nesse sentido é que a contracultura e o conjunto de movimentos sociais que emergem, sobretudo a partir dos anos 1960, sinalizam para novas configurações políticas, para novas subjetividades, sobretudo contra as hierarquias na família, na fábrica, no Estado, no partido, no sindicato, nas relações internacionais. Autonomia, como radicalização democrática, torna-se uma palavra emblemática destes novos movimentos. Fala-se abertamente de Revolução Cultural, de socialismo de rosto humano, em *"hay que endurecer, pero sin perder la ternura jamás"*. Não só a produção, mas a reprodução ganha uma nova dimensão de gênero, com as mulheres sinalizando novas subjetividades, novas sensibilidades. Já não se fala somente de uma luta para ser igual – contra a des-igualdade –, mas afirma-se o direito às singularidades individuais e comunitárias – indígenas, afrodescendentes, neocamponesas... O próprio fato de estudantes e universidades terem se colocado como protagonistas e *locus* de um franco e acirrado debate dá conta do papel político da ciência e da tecnologia.

Insistimos em uma tese que para nós é central na compreensão das múltiplas contradições implicadas no sistema-mundo moderno-colonial em que vivemos: os territórios não são simplesmente coisas, substâncias, mas, sim, conformam relações sociais e de poder que se fazem por meio deles. Assim, cabe a caracterização de "caos sistêmico" (Arrighi) para o período histórico atual, des-ordem mundial esta em que diferentes territorialidades em tensão expressam as lutas dos diferentes protagonistas para afirmar sua territorialidade por meio de determinada configuração territorial.

A expressão Império proposta por Hardt & Negri para caracterizar o período histórico e o espaço global de poder em que vivemos não deixou de causar polêmica. Afinal, o pensamento crítico de esquerda havia construído um patrimônio teórico – Teoria do Imperialismo e Teoria da Dependência – com o qual se movia politicamente. Ao contrário de opor essas diferentes concepções, como argumentou Atílio Borón, entendemos que elas não são necessariamente antagônicas. Hardt & Negri sinalizam para questões importantes que os chamados teóricos pós-modernos haviam identificado e que David Harvey, em *A condição pós-moderna*, não só reconhecera, como também as reinterpretou, integrando-as a uma abordagem mais ampla, incorporada ao contexto das contradições gerais da nova fase do capitalismo. Afinal, o indeterminismo generalizado do universo discursivo pós-moderno – do acaso, do acontecimento, do efêmero – tem, para Harvey, uma condicionalidade histórico-geográfica. Sustentamos, como estamos vendo, que há uma complexificação da questão territorial por meio das múltiplas territorialidades implicadas nas lutas sociais contemporâneas que imbricam, de distintas maneiras, o local, o regional-nacional, o regional-internacional (blocos), o próprio nacional e o global.

∎

4 A des-ordem cultural mundial: "choque de civilizações" ou hibridismo cultural?

Uma das características aparentemente novas que a atual des-ordem planetária manifesta é aquela que se refere ao grande valor dado à dimensão cultural da sociedade. No período da Guerra Fria, dizia-se que a grande questão no reordenamento do mundo estava relacionada às bases político-militares sustentadas pelo binômio ideológico capitalismo *versus* "socialismo". Com a queda do muro de Berlim, imaginou-se que o eixo norteador da nova ordem seria deslocado para o âmbito econômico-financeiro e tecnológico, com a rivalidade entre os grandes blocos econômicos dando as cartas na organização socioterritorial do mundo. Logo percebeu-se, porém, que a realidade era bem mais complexa, e que o vazio da luta entre um capitalismo libertino e um comunismo controlador poderia estar sendo preenchido pela retomada de vínculos míticos com o grupo étnico, com as divindades e/ou com o território de origem.

Surgiram então teses antagônicas, cada uma pretendendo explicar a sua maneira o amálgama novo-velho que parecia desenhar-se no horizonte. Algumas, entretanto, deram clara ênfase à dimensão cultural da humanidade, destacando a "falta de sentido" e a recriação de significados para a(s) nova(s) identidade(s) do homem "pós-moderno". O sociólogo Manuel Castells chegou a sugerir que, por trás de todas as alterações no contexto econômico e político da humanidade, o que realmente permanecia era a cultura dos povos, suas religiões, seus símbolos, enfim, sua *identidade*. O cristianismo e o islamismo estariam aí para comprovar: enquanto eles sobreviveram e, em parte, até se revigoraram, ao longo do último milênio, entidades como o Estado ou o próprio capitalismo teriam apenas meio milênio de existência e, sob determinados pontos de vista, pareceriam até um pouco debilitados nesta virada de milênio.

A mais radical e, provavelmente, a mais consolidada dessas teorias foi aquela elaborada pelo cientista político norte-americano Samuel Huntington, que propôs que os grandes conflitos da humanidade seriam agora de ordem cultural, especialmente nas chamadas "linhas de fratura" entre as grandes civilizações planetárias, definidas como as unidades culturais de maior amplitude. Daí iniciarmos pelo questionamento de sua polêmica tese que envolve a divisão do mundo em grandes "civilizações" (Mapa 3, p.103).

Do conflito de civilizações ao hibridismo cultural

Já ressaltamos que a "velha" ordem instaurada no decorrer da Guerra Fria era sustentada por uma ideia geopolítica fundamental, a ideia de "bloco". Dividia-se claramente o mundo entre capitalistas e "socialistas" (que de socialistas tinham muito pouco), e cada conflito acabava, cedo ou tarde, buscando guarida numa dessas duas alternativas. A queda do muro de Berlim levou à construção de novas fronteiras e novos muros, especialmente aqueles entre os chamados países ricos e os países mais pobres, entre o velho centro e as periferias, a fim de evitar que a pobreza, "sem saída", pudesse optar pela alternativa de buscar melhores condições de vida disputando espaço com os mais privilegiados. Mas não foram apenas muros de ricos evitando pobres: foram também muros de intolerância étnica, religiosa, em síntese, "cultural", como o muro que Israel teima em construir a fim de selar seu *apartheid* com os palestinos.

Para além das questões político-econômicas, portanto, consolidou-se aos poucos outra abordagem, a que privilegia aspectos mais estritamente culturais, como os traços simbólicos ligados à religião e ao grupo étnico ou mesmo linguístico. A partir daí, abrem-se duas grandes linhas de interpretação: uma que privilegia a diferenciação cultural, pelo fortalecimento das identidades socioterritoriais (sejam elas civilizacionais, nacionais ou regionais e locais); outra que, embora também enfatize o cultural, acredita que os processos dominantes com a globalização são aqueles que promovem o intercâmbio de culturas, a mescla de identidades ou o "hibridismo" cultural.

A recente radicalização do movimento terrorista com base no fundamentalismo islâmico veio reforçar a primeira dessas perspectivas, sempre com sérios riscos de simplificações. Um dos autores que mais radicalizou no rumo desse viés interpretativo foi Samuel Huntington. Para ele, tão importante quanto as "bandeiras" políticas são hoje as identidades culturais, e essas, para se firmarem, necessitam antes de tudo da "invenção" do Outro ou mesmo da criação de inimigos. Sua tese central é a de que:

> a cultura e as identidades culturais – que, em nível mais amplo, são as identidades das civilizações – estão moldando os padrões de coesão, desintegração e conflito no mundo pós-Guerra Fria.[1]

---

[1] HUNTINGTON, S. *O choque de civilizações e a recomposição da ordem mundial*. Rio de Janeiro: Objetiva, 1997. p.18-9.

Huntington discorda da ideia de uma "civilização universal" ou de uma "ocidentalização do mundo". Acredita, ao contrário, que a influência relativa do mundo Ocidental está declinando, emergindo cada vez mais a cooperação entre sociedades (ou "civilizações") que partilham as mesmas afinidades culturais. Assim, as "pretensões universalistas" do Ocidente estariam levando-o para o conflito com outras civilizações, especialmente o Islã e a China. Para completar, a "saída" visualizada pelo autor é a da reafirmação da identidade ocidental dos Estados Unidos e a união do Ocidente para preservar e renovar sua singularidade cultural. Em recente artigo, ele chega mesmo a questionar a "hispanização" dos Estados Unidos pela presença crescente de migrantes latino-americanos que não se sentem identificados com a cultura norte-americana.

É fácil imaginar o bombardeio de críticas sofridas por Huntington. Na Geografia brasileira, uma crítica contundente foi feita por William Vesentini, que trabalha sobre a "*realpolitik* culturalista" do autor, estruturada tanto sobre uma sobrevalorização da cultura quanto do papel revigorado dos Estados-nações, especialmente os "Estados-núcleos" agregadores de uma civilização. Vesentini questiona sobretudo o caráter profundamente não universalista das teses de Huntington, defensor de "uma espécie de 'partilha do planeta' entre meia dúzia de Estados-núcleos, cada um podendo fazer o que bem entender na sua zona de influência".[2]

Oposta à argumentação de Samuel Huntington encontramos, ainda, numa abordagem de fundamentação cultural, a tese do hibridismo cultural. Para os defensores dessa posição, o mundo não estaria reforçando sua diferenciação em termos de grupos e áreas de identidades culturais claramente definidas, mas, ao contrário, estaria sofrendo

---

2 VESENTINI, J. W. *Novas geopolíticas*. São Paulo: Contexto, 2000. p.60.

um gradativo processo de desenraizamento, miscigenação e trocas culturais que levaria ao domínio de processos "híbridos", combinações diversificadas de traços culturais em que as "identidades", em seu sentido tradicional, não seriam passíveis de delimitação.

Em termos geográficos, isso significaria não o fortalecimento de áreas culturais ou de "linhas de fratura" bem definidas, como nas "civilizações" de Huntington, mas uma mescla de inúmeros traços provenientes das mais distintas áreas culturais, muito mais uma organização espacial em rede do que na forma tradicional de territórios-zona. A própria "fronteira" adquire um papel de espaço cultural híbrido: mais do que "linha de fratura", ela pode ser vista como um espaço "transterritorial" de entrecruzamento cultural entre múltiplas identidades.

O hibridismo cultural, para muitos uma marca fundamental do nosso mundo "pós-moderno", é na verdade um processo muito mais antigo e, num raciocínio extremo, trata-se mesmo de uma propriedade inerente a todo processo cultural, pois não há cultura sem mescla de identidades; toda cultura brota do intercâmbio e da mescla entre distintas identidades e valores culturais previamente dominantes em outras culturas ou, na linguagem de Huntington, "civilizações". O caso latino-americano é paradigmático.

Algumas sociedades e espaços vivem o hibridismo de maneira muito enfática, ou encontram-se mais abertas e/ou são forçadas a trocas e mesclas culturais mais intensas. É o caso da América Latina, talvez o mais "híbrido" dos continentes, onde um dos melhores exemplos de "territorialidades híbridas" foi aquele moldado no violento cenário colonial a partir da interpenetração de culturas indígenas, ibéricas, africanas, hindus (no Caribe e Guiana) e ítalo-germânicas (especialmente no chamado Cone Sul). Há muito conhecemos termos como *mestiçagem*, *indianismo* e *creolité* para definir a cultura latino-americana. Já no movimento modernista brasileiro do início do século XX, encontramos o discurso da hibridização, especialmente a "antropofagia" do escritor Mário de Andrade: "assim o canibalismo ritual, por séculos o verdadeiro nome do selvagem, do outro abjeto, torna-se com os modernistas brasileiros um tropo anticolonialista e um termo de valor".[3]

Na América Latina, podemos dizer, o hibridismo cultural não é simplesmente sinônimo de "desterritorialização", de desenraizamento, mas a forma encontrada, principalmente pelos povos subjugados, de se "reterritorializar", reconstruir, de algum modo, seus territórios. Mesmo reconhecendo a violência e a exploração promovidas pela modernização colonial como um processo profundamente desterritorializador, especialmente no que se refere à expropriação das comunidades ameríndias e ao tráfico de escravos, profundamente desterritorializadores, ela resultou em formas de amálgama que, justamente como mescla ou sincretismo, tornou-se um mecanismo eficaz de re-existência e reterritorialização.

O grande dilema dos discursos sobre o hibridismo cultural é, tal como o do "choque das civilizações", a propensão a cair em um culturalismo no qual os vetores político e econômico são subvalorizados, ou mesmo negligenciados. Tudo se explicaria pela "cultura", um "mundo espiritual" que às vezes parece pairar acima da realidade concreta, como se a cultura não fosse sempre, também, uma "cultura política", e como se a própria "utilidade" econômica não fosse, também, ao mesmo tempo, uma criação cultural. Afinal, toda a apropriação material do mundo é uma apropriação com sentido, posto que só se apropria daquilo que tem *sign*-ificado e, assim, toda apropriação material é, ao mesmo tempo, simbólica. É preciso, pois, superar essas dicotomias.

---

[3] STAM, R. Palimpsestic Aesthetics: a meditation on hibridity and garbage. In: MAY, J.; TINK, J. *Performing hibridity.* Minneapolis and London: University of Minnesota Press, 1999. p.59.

Longe de ser um processo homogêneo, o hibridismo é vivido de formas profundamente diferenciadas de acordo com a classe, o grupo social, a etnia ou mesmo o gênero. Como afirma Stam, este discurso:

> falha em termos de discriminar entre as diversas modalidades de hibridismo, tais como imposição colonial ... ou outras interações como assimilação obrigatória, cooptação política, mimetismo cultural, exploração econômica, apropriação de cima para baixo, subversão debaixo para cima.[4]

Se no passado colonial eram as áreas periféricas que sofriam a mais acentuada hibridização, num processo muitas vezes forçado e sem muitas alternativas, agora são os próprios países centrais que, voluntária ou involuntariamente, mas geralmente de modo positivo para suas economias, vivenciam de forma mais direta a diversidade cultural, assimilando – ou simplesmente "guetificando" – as culturas periféricas ou de suas ex-colônias.

Na verdade, cultural e geograficamente falando, o que temos é o convívio entre múltiplos tipos de território, desde os territórios mais fechados em termos de identidade cultural ("territorialismos"), até aqueles mais abertos e "híbridos", onde convivem lado a lado os mais diversos grupos socioculturais. As migrações, neste sentido, têm um papel fundamental. Os migrantes em diáspora, como veremos a seguir, podem servir tanto como exemplo de hibridismo e intercâmbio cultural quanto de "guetificação" segregadora.

As migrações e a multiterritorialidade das diásporas

Uma análise do mundo contemporâneo e de seu des--ordenamento espacial não pode deixar de considerar um

---
[4] Ibidem, p.60.

fenômeno fundamental: a mobilidade das pessoas ou, mais especificamente, os movimentos migratórios internacionais e, dentro deles, de forma mais destacada, as chamadas grandes diásporas, ainda mais consolidadas com o processo de globalização que favoreceu o fortalecimento dos contatos e das trocas a distância entre membros de um mesmo grupo cultural. Muitos dos defensores da ideia de que o mundo não está hoje dividido entre grandes blocos culturais, mas vive um processo de hibridismo ou de grande mistura cultural, afirmam que as diásporas de migrantes são um dos melhores exemplos desse intercâmbio, diálogo e interpenetração de culturas.

A humanidade, sabidamente, é fruto de movimentos migratórios que levaram o homem, constantemente, a deslocar-se em busca de recursos, de trabalho ou simplesmente de aventura rumo ao desconhecido. Destruindo ou reconstruindo, conquistaram-se povos, exploraram-se novas terras, impuseram-se novas culturas. O mundo moderno-colonial foi construído, podemos afirmar, sobre migrações de amplo espectro, tanto no sentido das distâncias percorridas e das diferenças culturais em jogo quanto da diversidade dos grupos migratórios.

O grande contingente de imigrantes no mundo contemporâneo não representa, portanto, uma novidade. A história moderno-colonial é repleta de fluxos maciços de população de um continente a outro, seja de maneira forçada, como no caso dos escravos africanos para o sul dos Estados Unidos, Caribe e Nordeste brasileiro, seja de modo "menos forçado", como no caso dos imigrantes europeus para a América Anglo-Saxônica e o Cone Sul. O novo é representado, em primeiro lugar, pela direção predominante dos fluxos, agora muito mais Sul-Norte do que Norte-Sul, ou seja, mais da periferia para o centro do que do centro para a periferia. Em segundo lugar, podemos destacar a intensidade com que podem ser mantidos os laços econômicos e culturais entre os grupos migrantes, graças às facilidades de contato proporcionadas pelas tecnologias da globalização. Nesse sentido, o fortalecimento das diásporas pode ser considerado um fenômeno característico do nosso tempo.

A mudança de direção predominante nos fluxos migratórios pode ser explicada, em primeiro lugar, pelas crescentes desigualdades socioeconômicas, pelas crises produtivas e de endividamento dos países periféricos e pelo fascínio exercido pelos países centrais com seus salários mais altos, suas maiores perspectivas de emprego (principalmente em setores localmente de menor remuneração) e seu acesso aparentemente facilitado a bens culturais típicos da sociedade capitalista globalizada. Além disso, também na esteira da globalização, a maior facilidade de transportes e comunicações e seu relativo barateamento agilizaram os contatos e ativaram muitas redes de parentesco e de diásporas, o que alimentou o fluxo migratório.

Dados recentes mostram que muitos são os países periféricos que dependem dos recursos enviados pelos migrantes que estão nos países centrais. Grande parte dos países da América Latina, por exemplo, depende hoje das remessas de seus imigrantes. Para se ter uma ideia mais concreta, recentes dados divulgados pela ONU revelaram que somente os indianos recebem dez bilhões de dólares de seus compatriotas no exterior. No México, segundo maior volume de divisas, esse valor chega a 9,9 bilhões de dólares, e nas Filipinas, o terceiro, 8,4 bilhões. A maior fonte das remessas são os Estados Unidos, de onde saem anualmente 28,4 bilhões de dólares, a segunda é a Arábia Saudita, com 15,1 bilhões, e a terceira a Alemanha, com 8,2 bilhões de dólares. Muitos países, como Portugal e Espanha, apesar de serem predominantemente países emissores de divisas, continuam sendo também países receptores. Na América Latina, os seis principais países receptores, em 2002, eram:

1. República Dominicana: US$ 2 bilhões
2. El Salvador: US$ 1,9 bilhão
3. Colômbia: US$ 1,8 bilhão
4. Brasil: US$ 1,5 bilhão
5. Equador: US$ 1,4 bilhão

Países tipicamente de imigração até a primeira metade do século XX, como o Brasil, no mesmo ritmo com que suas economias entraram em crise, tornaram-se países de emigração. Pela observação dos principais fluxos migratórios no mundo contemporâneo, fica evidente a relação crise-expansão econômica, com países mais pobres exportando força de trabalho para países mais ricos, seja nas chamadas "semiperiferias" – com Argentina e Brasil exportando para peruanos e bolivianos, Nigéria e África do Sul para outros países africanos e os países do Golfo para indianos e paquistaneses –, seja nos países centrais, como magrebinos na França, turcos na Alemanha e latino-americanos na Espanha.

Alguns desses fluxos migratórios, mais antigos e por isso já consolidados, não manifestam apenas o tradicional "amálgama" socioeconômico e político-cultural com as sociedades receptoras. Ao contrário do que ocorreu com a maioria dos migrantes pobres do "Norte" que foram acolhidos pelo "Sul" – também "pobre" ou estigmatizado como "inferior", e em geral aí se viram integrados –, os migrantes das chamadas periferias que se dirigem para os países centrais mais ricos encontram ainda mais reações preconceituosas e mesmo xenófobas. Sentimentos de rejeição (visíveis na própria rigidez dos controles de chegada) são alimentados, e acabam limitando o convívio dos migrantes com os membros do próprio grupo. Em muitos casos, diferenças culturais profundas também dificultam sobremaneira o diálogo com as sociedades receptoras.

O fenômeno das diásporas, que originalmente referia--se apenas à experiência judaica, estendeu-se por todos os grupos de migrantes, que, com forte identidade cultural, foram forçados a deixar seus espaços de origem e reconstituir suas vidas em torno de uma densa rede de relações (ou um "território-rede") através do mundo.

A origem das diásporas (judaica, grega, árabe, indiana, chinesa...) é bastante antiga; algumas delas antecedem mesmo os primórdios da globalização. Hoje, manifestam-se com nova vitalidade, alimentadas sobretudo pelas facilidades de deslocamento e de comunicação. Sua denominação original provém do grego *speiro*, que significa dispersão. Aparentemente um problema, a dispersão espacial acaba funcionando como um recurso estratégico, na medida em que, dependendo das condições econômicas e políticas, pode-se recorrer a outros membros da diáspora em diferentes países do mundo. Recente iniciativa norte-americana em relação à criação de unidades militares de apoio social na Guatemala, por exemplo, recorreu, entre outros, aos próprios militares guatemaltecos da "diáspora" nos Estados Unidos, que afirmaram se sentir orgulhosos de servir em seu país de origem.

Ao contrário do que dizem muitos autores, os membros de uma diáspora não estão "desterritorializados", mas territorializados de forma muito mais complexa do que a manifestada pelas territorialidades tradicionais uniescalares e bem demarcadas. O território da diáspora é um território múltiplo, tanto no sentido de coexistirem diferentes formas territoriais justapostas quanto no sentido de serem vivenciados distintos territórios simultaneamente. Assim, eles se estendem desde o "gueto" ou o bairro mais fechado – como as *Chinatowns* mundo afora – até o Estado-nação ou a região de origem e os territórios articulados em rede com outros grupos em diferentes países.

A diáspora, nesse sentido, pode constituir o protótipo de uma territorialidade em rede globalmente articulada, bem diferente da tradicional lógica territorial zonal e exclusivista dos Estados nacionais moderno-coloniais. Um pouco como nas redes do terrorismo globalizado, ou como na ação das próprias empresas transnacionais, a diáspora, mais do que pautada na continuidade, na estabilidade e no controle sobre um espaço de fronteiras bem definidas, abrange um (ou vários) território descontínuo, relativamente flexível e conectado em rede, um "território-rede". Fundamentais, para o seu amálgama, são a constituição e a manutenção de uma forte base identitária, um conjunto de símbolos que, muitas vezes, podemos dizer, mantém a territorialidade praticamente no nível simbólico, pois uma das referências centrais dos migrantes em diáspora é a que se relaciona ao território, seja o território nacional ou regional de origem, seja o próprio espaço fragmentado e em rede da dispersão.

Para a geógrafa francesa Chivallon, nas diásporas o laço comunitário é reconstituído pela própria dispersão, pela consciência que o grupo desenvolve de sua condição territorialmente fragmentada, fazendo circular fortemente sua memória através das redes que mantêm a coesão do grupo. Haveria sempre, então, território, "aqueles do cotidiano, mas, sobretudo, aquele da origem carregado do simbolismo do lugar de fundação, verdadeiro cimento comunitário sem o qual a rede não poderia transportar sua memória".[5]

Observa-se que a territorialidade da diáspora não está, de modo algum, vinculada apenas a uma geografia imaginária ou a uma identidade cultural sem referencial espacial concreto (como parecia ser o caso no seu exemplo-tipo, o da diáspora judaica antes da criação do Estado de Israel – que, pelos conflitos que se seguiram após a sua criação, mostrou que não era somente um "território imaginário"). É verdade que muitas vezes o território aparece num sentido muito

---

5 CHIVALLON, C. Fin des territoires ou necessité d'une conceptualisation autre? *Géographies et Cultures*, n.31. Paris: L'Harmattan, 1999. p.7.

mais simbólico do que concreto, mas há sempre algum vínculo com um espaço material, seja ele a pátria de origem, sejam as áreas no estrangeiro onde se aglutinam os membros da diáspora (por exemplo, as *Chinatowns* e *Coreatowns* e as zonas árabes e hindus nas grandes metrópoles europeias e norte-americanas, ou mesmo os bairros do Bexiga e da Liberdade em São Paulo).

Mesmo que tenhamos apenas a sobrevivência de referências territoriais puramente simbólicas, e que essas se reportem não a territórios particulares (como o Estado-nação ou a região de origem), mas aos múltiplos territórios ou à própria dispersão que compõem o grande território-rede da diáspora, ainda assim devemos falar num tipo muito próprio de reterritorialização, uma territorialização múltipla, na dispersão, articulada em rede, "com ou no movimento" (inerente à diáspora) e altamente simbólica – em outras palavras, uma multiterritorialidade.

Mesmo que a identidade se encontre focada mais na memória do que no território comum, esta memória também está calcada, em grande parte, na "recordação e comemoração" que faz referência a uma territorialidade, tratando-se na verdade da gestação de outra concepção de espaço e, consequentemente, de território. Esse "espaço imaginário" reconstruído na escala do planeta é, segundo Ma Mung, um território intercambiável, "equivalente".

> o território não como espaço único ... mas como espaço que pode entrar em comparação com outros: podendo equivaler. Equivalente, ele pode ser intercambiado contra outros e por isso se pode mover sem se desencarnar nos outros espaços, daí o percurso sentimentalmente possível de um ao outro. Esta equivalência é ainda reforçada quando o território de origem (por exemplo, a Ásia do Sudeste para alguns chineses) é diferente do lugar mítico de origem. ... Ora, a diáspora sabe intuitiva e progressivamente – e é assim que ela se constrói ideologicamente, podemos dizer,

como diáspora – que seu território não é um lugar preciso, mas uma multidão que se equivale, pois lugar nenhum é o lugar insubstituível da identidade.[6]

Embora ele acrescente logo a seguir a sua ideia de extraterritorialidade, na verdade trata-se de outra concepção de território, centrada no imaginário, mas nunca a ele completamente reduzida, um território que se "multiplica" justamente porque "se equivale" por meio dos grupos que se dispersam por vários espaços. Talvez pudéssemos afirmar que o próprio caráter de "equivalência territorial" é uma marca daquilo que estamos denominando multiterritorialidade. Aqui, é também de um território no movimento que se trata, um território extremamente dinâmico, e sua principal "condensação" pode estar muitas vezes nos próprios grupos ou nessa "multidão" que o reproduz nos espaços por onde ela circula.

A identidade "transnacional" ou propriamente de diáspora – que Ma Mung chama equivocadamente de extraterritorial – é construída sobre um novo padrão territorial-identitário, ao mesmo tempo global e local, e que se articula nitidamente através de um típico território-rede. A nova identidade territorial que se constrói está ligada a um conjunto de espaços dispersos, descontínuos, conectados em rede através do mundo. Mas não é exatamente uma identidade global (no sentido de sua universalidade), pois fica restrita a este conjunto muito seleto de espaços em que se dá a reprodução de grupos sob a mesma origem étnica e com interesses socioeconômicos semelhantes.

Sintetizando, pela reelaboração de ideias propostas por Ma Mung, teríamos como características geográficas das diásporas, como forma de reterritorialização do migrante:

---

[6] MA MUNG, E. *Autonomie, migration et alterité*. Dossier pour l'obtention de l'habilitation à diriger des recherches. Poitiers: Université de Poitiers, 1999. p.309-10.

- a *multipolaridade* da migração: desde a origem etimológica da palavra *diáspora*, que significa dispersão, tem-se a ideia central do espalhamento e mesmo da não centralidade, da não hierarquização; uma característica da diáspora é que, mesmo possuindo um Estado ou região de origem, este(a) não obrigatoriamente representa a função de centro no conjunto de relações da rede;
- a *interpolaridade* das relações: a dispersão da diáspora em vários Estados/contextos econômicos pelo mundo pode ser vista como um recurso, o migrante em diáspora pode usufruir dessa dispersão tanto para recorrer a outros membros em momentos de crise quanto para a expansão de seus negócios;
- a *multiterritorialidade* (e não extraterritorialidade, como propõe Ma Mung) nas identificações: tanto no sentido de uma consciência multi ou pluriescalar, com múltiplos espaços de referência identitária, do bairro (mais concreto) ao país de origem (muitas vezes uma referência mítica), a diáspora como fenômeno global, quanto no sentido da criação de uma "identidade étnica transnacional", como diz Ma Mung, construída pela percepção do grupo como dispersão territorial.

Uma proposição muito interessante na relação entre este "multiterritório" das diásporas e os territórios clássicos, especialmente o do Estado-nação, é feita por Appadurai, que questiona a relação entre soberania e território dominante no mundo moderno – que, para nós, é sempre "moderno-colonial". Para o autor, há sempre por trás da ideia de Estado-nação a concepção implícita de uma coerência étnica como fundamento de sua soberania. Embora saibamos que existem diferentes tipos de Estados nesta relação entre política e etnia, alguns conseguindo mais eficazmente impor a visão universal de cidadania sobre a de grupo étnico nacional, há indiscutivelmente, sempre, a busca da consolidação de uma identidade nacional padrão, pautada sobretudo numa história e numa geografia comuns. Haveria sempre, portanto, independentemente da condição de classe, indivíduos de segunda e terceira classe.

Segundo Appadurai, o que a pluralidade étnica como aquela das diásporas promove é a violação da "sensação de isomorfismo entre território e identidade nacional", que é o fundamento do Estado-nação moderno:

> O pluralismo de diáspora particularmente expõe e intensifica a distância entre o poder do Estado de regular as fronteiras, monitorar as divergências, distribuir direitos dentro de um território finito e a ficção da singularidade étnica na qual, em última instância, a maioria das nações se apoia. Em outras palavras, a integridade territorial que justifica os Estados e a singularidade étnica que valida as nações são cada vez menos vistas como aspectos complementares. Dito de outra forma, dado que Estados, territórios e ideias de singularidade étnica nacional são sempre coproduções históricas complicadas, o pluralismo de diáspora tende a embaraçar todas as narrativas que buscam naturalizar tais histórias.[7]

Na verdade, se falamos de "moderno-colonial", fica mais claro que, embora dentro de um mesmo Estado, sempre houve essa clivagem moderno-colonial, que se reproduz à escala mundial. Já ali, no interior de um mesmo Estado territorial moderno-colonial a cultura não hegemônica é *folklore*, a língua não hegemônica é *dialeto*, a região não hegemônica é simplesmente *região*, isto é, parte, enquanto a região cêntrica nunca se vê como tal.

Desse modo, haveria um potencial desestruturador na (multi)territorialidade das diásporas que faz que a própria

---

[7] APPADURAI, A. Soberania sem territorialidade: notas para uma geografia pós-nacional. *Revista Novos Estudos CEBRAP*, n.49, nov. 1997.

lógica "cidadã" do Estado-nação seja colocada em xeque. A iniciativa da Índia de criar a condição de Indiano Não Residente para os indianos da diáspora, dotados dos mesmos direitos do cidadão que vive no território nacional, pode ser a antecipação do reconhecimento formal dessas novas territorialidades "pós-nacionais". É interessante reconhecer aqui a estratégia adotada pela Constituição brasileira ao criar o conceito de empresa nacional como aquela que opera no Brasil, independentemente da nacionalidade dos que exercem o controle acionário. Retira-se assim muito da capacidade de o próprio Estado fazer política industrial, na medida em que os que exercem o controle sobre as empresas o fazem de fora do território nacional, atualizando-se assim um princípio basilar do sistema-mundo moderno-colonial de uma geografia desigual de proveitos e rejeitos.

Os intensos conflitos que ocorreram nas periferias das cidades francesas, inclusive de Paris, assim como em vários países europeus, em outubro de 2005, trouxeram ao centro da cena política o protagonismo dos jovens, sobretudo de imigrantes ou filhos de imigrantes. A emergência desses novos protagonistas de alguma forma explicita e atualiza a clivagem (racista) que caracteriza o sistema-mundo moderno-colonial desde 1492.

Nos EUA, o ano de 2006 viu as maiores mobilizações de rua jamais vistas na história daquele país, cujos protagonistas eram os imigrantes, principalmente os de origem latino-americana, que buscam o reconhecimento da "velha" cidadania nos marcos do Estado-nação, que vem lhes negando direitos e lançando-os a um mundo de criminalidade quando, na verdade, buscam trabalhar. Esse quadro é particularmente interessante em um país como os EUA, cuja história não pode ser contada sem considerar o papel fundamental dos imigrantes. Talvez tenham sido os equatorianos que vivem sem documentos na Espanha (mais de quinhentos mil) os que deram a melhor resposta a essa contraditória des-ordem mundial e suas múltiplas territorialidades, reais e emergentes: exibiram um cartaz dizendo que sua carteira de identidade era a Carta de Cristóvão Colombo e que, por isso, não deveriam ser deportados para seu país de origem. É de outras territorialidades que o mundo está grávido.

Nem "fim do Estado-nação" nem "choque de civilizações", o que os grandes fluxos migratórios e, especialmente, as diásporas parecem estar anunciando é uma nova e muito mais complexa (multi)territorialidade, na qual convivem os mais diferentes tipos de des-ordenamento territorial, como veremos no capítulo seguinte. As diásporas não são, automaticamente, sinônimos de "hibridismo cultural". Apesar de sua forma "multiterritorial" de organização, elas podem tanto estimular o diálogo inter ou transcultural como envolver-se em novas formas de preconceito e segregação socioespacial.

■

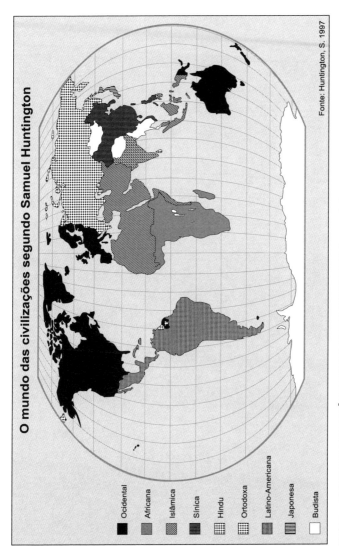

MAPA 3 – AS GRANDES CIVILIZAÇÕES SEGUNDO SAMUEL HUNTINGTON (1997, P.26-7).

5 A des-ordem ambiental planetária

> *Para desenvolver a Inglaterra, foi necessário o planeta inteiro. O que será necessário para desenvolver a Índia?*
>
> (Mahatma Ghandi)

A dominação da natureza: a técnica como relação social e de poder

Vivemos imersos de tal modo numa "tecnosfera" (Milton Santos), que a tomamos como uma segunda natureza, como algo que desde sempre esteve aí. Estamos, assim, dominados por uma ideologia nada abstrata, e talvez, por isso mesmo, ainda mais poderosa, pela qual tudo o que nos rodeia se deve à revolução científico-tecnológica.

Devemos ter cautela para não confundir uma análise crítica da ideologia científico-tecnológica com a recusa à ciência e à técnica. Não existe sociedade sem conhecimento racional, sociedade que não ajuste os meios aos fins mediante técnica. O que existe, sim, são diferentes matrizes de racionalidade. Basta observarmos o conhecimento inscrito na construção desde as pirâmides do Egito até os monumentos maias e incas, na América. O que difere de uma sociedade para outra, ou em uma mesma sociedade ao longo do tempo, é a relação que cada uma mantém com as técnicas, com as suas técnicas.

Cada sociedade inventa as técnicas para realizar seus fins,[1] o que torna difícil, senão impossível, separar a técnica de seu uso. Mesmo que a técnica possua usos diferentes daquele para o qual foi originariamente inventada, sempre haveremos de investigar o uso que a ela está sendo emprestado. Não há técnica em si mesma boa ou má, mas sim técnica realizando determinados fins que não são eles mesmos definidos por ela.

Se, como disse Milton Santos, todo objeto técnico é um objeto impregnado de intencionalidade, é um objeto *per-feito* num sentido muito preciso – um objeto *previamente feito* – por meio do qual se busca, sempre, controlar os efeitos da ação no espaço e no tempo, seja um arco e flecha, seja o lançamento de um míssil. É por isso que se fala mais e mais de controle remoto ou de sensoriamento remoto que, rigorosamente, é uma técnica que permite que aquele que age o faça sem ser visto, que controle à distância sem sofrer os efeitos indesejados de sua ação. Não estranhemos, pois, quando nas guerras aumentar o número de mortes entre civis, aproximando cada vez mais a guerra do terrorismo puro e simples.

Deveríamos, pois, considerar com mais atenção que a revolução tecnológica não é externa às relações sociais e de poder. Ao contrário, ela é parte dessas relações sociais e de poder e, por isso, temos a revolução tecnológica que aí está e não outra, entre as muitas revoluções técnicas possíveis. É preciso desnaturalizar a técnica, enfim libertá-la dessa visão que fala de uma revolução tecnológica em curso sem se perguntar quem a põe em curso. Afinal, as técnicas não caminham por si mesmas.

---

[1] Podemos dizer, sim, que depois da instituição do sistema-mundo moderno-colonial, a Europa e, depois, os EUA, impuseram ao mundo seu sistema técnico, pretensamente universal, desqualificando múltiplas matrizes de racionalidades desenvolvidas pela humanidade na sua diversidade, o que teria nos levado a um enorme desperdício de experiências, como afirmou Boaventura de Souza Santos (*Democratizar a democracia*. Rio de Janeiro: Civilização Brasileira, 2002).

A SEGUNDA "REVOLUÇÃO PROMETEICA" E A INVENÇÃO DA DES-ORDEM AMBIENTAL MUNDIAL

A revolução no imaginário europeu, causada pelo Renascimento e por sua crítica ao teocentrismo e afirmação do antropocentrismo, teve importante implicação na relação da sociedade com a natureza. Até então acreditava-se que a *Physis* estava povoada por deuses, e a sua dominação estava, até certo ponto, interditada aos homens. Com a crença cada vez maior na ciência e na técnica desenvolvidas pelo homem, os deuses foram expulsos para os céus e, aqui na Terra, o homem passou a reinar todo-poderoso sobre uma natureza-objeto dessacralizada – antropocentrismo.

É claro que, para dominar a natureza, é necessário que ela esteja à disposição dos que a dominarão e, assim, tanto o Direito Romano, com suas técnicas formais e sua base na propriedade privada (e para os proprietários privados), como a força pura e simples, serão empregados para que essa dominação se faça. As técnicas modernas serão, desde o início, técnicas que, ao mesmo tempo, dominam homens para que se possa dominar a natureza, até porque a natureza estava povoada por todo o lado. Assim, o antropocentrismo não é, simplesmente, o homem como espécie biológica – *Homo sapiens sapiens* – dominando a natureza, mas a dominação de alguns homens sobre outros homens para que possam dominar a natureza. Há um clivagem entre os homens que atravessa as relações sociais e de poder por meio das técnicas. Há, assim, *técnicas jurídicas* (o Direito Romano e sua noção de propriedade que priva), *técnicas políticas*, descritas melhor do que ninguém por Maquiavel, além de *técnicas militares* e outras de dominação da natureza e dos homens. Matar e desmatar caminham juntos no mundo moderno-colonial.

A burguesia mercantil e as monarquias centralizadas ibéricas, desde o Renascimento, vêm apropriando-se de conhecimentos vindos de vários povos e regiões do mundo, inicialmente do Extremo Oriente e do Oriente Próximo, como a cartografia, a bússola e a pólvora – conhecimentos que dizem respeito ao deslocamento, à circulação e não à produção propriamente dita. Observemos, entretanto, que esses conhecimentos serão submetidos a novas intenções e, com o aperfeiçoamento das técnicas de navegação a vela permitirão um enorme desenvolvimento *dos negócios e dos negociantes*.

Se alguma dúvida resta a respeito dessa imbricação entre as novas técnicas e as novas relações sociais e de poder que se engendravam na conformação do sistema-mundo moderno-colonial, basta observarmos as regiões onde os conquistadores, não encontrando pronto o que havia de ser des-locado, tiveram que organizar, eles mesmos, o espaço conquistado. Assim, as primeiras monoculturas modernas em grande escala foram introduzidas na América ainda no século XVI. Fazer monocultura, ao contrário do que a ideologia tecnocêntrica quer nos fazer crer, está longe de ser simplesmente uma técnica mais aperfeiçoada para aumentar a produção, olvidando-se que quem produz para si mesmo jamais faz monocultura, como nos ensina toda a história da agricultura. Exatamente por isso sua introdução na América se fez junto com a escravidão. Modernização é, desde sempre, colonização. A devastação de povos e de seus recursos naturais – ecocídio, etnocídio e genocídio – caminhou junto por todo lado na constituição do sistema-mundo moderno-colonial.

Não apenas as primeiras monoculturas modernas surgiram nas Colônias, mas, também, as primeiras manufaturas. Afinal, o produto manufaturado de maior circulação no mundo à época era o açúcar, de que as Antilhas (Cuba e Haiti) e o Brasil eram os maiores produtores. As maiores manufaturas conhecidas no mundo nos séculos XVI e XVII estavam na América Latina e no Caribe, e não na Europa. Não há como deixar de registrar que o estatuto colonial da modernidade conformou uma geografia desigual dos proveitos e dos rejeitos e uma des-ordem ambiental planetária desde sempre.

A TERCEIRA REVOLUÇÃO PROMETEICA E A NOVA DES-ORDEM AMBIENTAL MUNDIAL

O sistema-mundo moderno-colonial entrará em uma nova fase com uma nova revolução nas relações sociais e de poder com o uso do carvão por meio da descoberta da máquina a vapor. Como toda revolução tecnológica, essa terceira revolução prometeica proporcionará uma nova revolução nas relações sociais e de poder entre os homens e destes sobre a natureza, com enormes consequências para o devir do planeta e da humanidade.

Observemos que a revolução que ora se enseja não é simplesmente uma revolução nas condições de transporte e circulação, embora também o seja (ferrovias e navegação a vapor). A geografia mundial sofrerá importantes mudanças, mantendo, entretanto, sua estrutura moderno-colonial. A energia que desde os séculos XV e XVI os europeus usavam para o transporte era impossível de ser controlada totalmente (o vento) e, para a produção, dependia em grande parte dos homens e mulheres com sua força de trabalho e exigia uma força de coerção externa aos povos, como a chibata, as armas de fogo, além da imposição de sua religião para que tudo parecesse natural, con-sagrando, assim, as práticas impostas.

A descoberta de novos usos para o carvão (e, depois, para os demais combustíveis fósseis, como o petróleo e o gás) proporcionou uma revolução nas relações sociais e de poder por meio das novas tecnologias no mundo da transformação da matéria, isto é, no lugar da produção. É que a energia contida numa molécula de carbono, fotossíntese mineralizada durante milhões de anos de transformação da matéria, proporcionava vários equivalentes de cavalos (daí o termo cavalo-vapor ou HP [*horse power*]).

A produção não depende agora somente da energia animal, inclusive dos homens, que tem que ser reposta todo dia. O alimento diário do animal, inclusive do homem, exige que a matéria-energia que o nutre esteja disponível o mais próximo possível de onde vai ser consumida. A energia necessária para alimentar o animal que puxava o arado para produzir o alimento para o homem exigia áreas de plantação de forragens próximas e, assim, a agricultura e a pastagem estavam sociogeograficamente associadas. Afinal, o alimento metabolizado por todo organismo animal está condicionado por um ciclo solar (seja o ciclo dos dias e das noites, seja o ciclo das estações e sua variação anual de exposição ao Sol). Diferentes povos desenvolveram ao longo da história e nas diferentes condições geográficas diferentes modos de se apropriar dessa energia solar por meio de diferentes técnicas – agri-*culturas*.

Com o uso do carvão, a energia solar apropriada não é mais aquela dos ciclos dos dias e das noites, nem das estações anuais, mas sim a fotossíntese mineralizada pelo próprio trabalho da natureza durante milhões de anos – carvão, petróleo, gás – e que o conhecimento dos *experts*, equivocadamente, acredita que o produz. Esse equívoco tem enormes consequências políticas e ambientais.

Rigorosamente falando, nenhuma sociedade e nenhum país do mundo produz carvão, petróleo, gás ou qualquer outro minério, inclusive, a água, mas simplesmente os extrai. A ideologia produtivista do antropocentrismo europeu, com seu mito de *dominação da natureza*, acreditou que produzia minérios, como se pudesse fazê-lo ao seu bel-prazer. Na verdade somos extratores e não produtores e, com essa caracterização, estamos mais próximos de reconhecer nossos limites diante de algo que não fazemos. O paradoxo se vê quando constatamos que as sociedades mais desenvolvidas do ponto de vista científico-tecnológico, como os EUA, as da Europa Norte-Ocidental e a japonesa, dependem amplamente do suprimento de recursos naturais (vide Tabela 1).

Tabela 1 – Dependência de Importações[2] de Recursos Minerais (1989, em percentagem)

Recurso	Japão	EUA	Alemanha	França	Inglaterra
Energia	84,5	17,5	51,3	53,4	3,3
Carvão	92,1	-13,6	-2,7	55,5	10,8
Petróleo	99,6	43,5	92,5	95,2	-2,6
Gás	95,6	7,0	75,2	89,5	19,2
Ferro	100,0	27,1	99,8	77,5	99,8
Cobre	98,9	0,0	100,0	100,0	99,8
Chumbo	93,0	9,7	95,7	99,0	98,8
Zinco	82,9	69,8	84,6	90,8	97,0
Estanho	100,0	99,7	100,0	100,0	0,0
Bauxita	100,0	71,3	97,9	62,8	94,4
Níquel	100,0	100,0	100,0	0,0	100,0

Fonte: OCDE – *Energy balances of OECD Countries*. World Metal Statistics, Japão, 1992, p.65 (apud Altvater, 1995, p.97).

Diferentemente da revolução nas relações sociais e de poder proporcionada pela navegação a vela, cartografia, bússola e pólvora (aqui já o fogo intervindo), agora não se trata de simples deslocamento dos volumes produzidos sem que o capital tenha o controle mais completo da energia, inclusive da força de trabalho. A partir do uso do carvão, com a máquina a vapor, a energia já não vem do Sol de todo dia nem de todo o ano (estações), mas sim da fotossíntese mineralizada como energia fóssil que exigiu milhões de anos para se formar e cuja concentração em alguns pontos da su-

---

[2] A dependência de importação é igual a: Volume Importado – Volume Exportado/ Volume de Produção Interna + Volume Importado – Volume Exportado x 100.

perfície da Terra em jazidas torna-os particularmente significativos. Afinal, ali dorme capacidade de trabalho potencial. Apropriar-se desses lugares torna-se estratégico. Além disso, atentemos, o cavalo-vapor não precisa mais se alimentar da energia produzida localmente e, deste modo, essa energia pode vir de longas distâncias trazidas, inclusive, por meio de transportes movidos eles mesmos pelas máquinas a vapor.

Assim como se libertara do animal, o capital, com a máquina a vapor, promove também o des-locamento do controle do processo de trabalho do corpo de quem trabalha, como ocorria no caso da manufatura. Na maquinofatura, o trabalhador se torna um apêndice da máquina, e até mesmo a demanda por mais ou menos braços vai depender da capacidade técnica instalada que, assim, se torna política por todo lado. Os corpos dos que (ainda) trabalham devem se submeter ao ritmo – tempo – de quem comanda os processos de trabalho, enfim, dos que comandam porque detêm o controle da energia e da máquina a vapor – "tempos modernos". A enorme capacidade de transformação de matéria a partir dessa terceira revolução do fogo, associada à sua aplicação aos meios de transportes – à navegação transoceânica e às ferrovias – proporcionará as condições *técnicas de poder* se buscar, onde estiver, o que se quiser e transportar para onde se quer. Uma profunda revolução na geografia do poder mundial. Não haveria mais limites para os volumes do que quer que seja que se demandasse. Imaginemos o significado dessa revolução quando associada ao fato de estarmos numa sociedade, como a capitalista, onde a expressão da riqueza se mede por um símbolo (o dinheiro) que, por ser quantidade, não tem limite. Afinal, o dinheiro é a expressão quantitativa da riqueza e se abstrai da materialidade mundana da riqueza como fruição.

Outro aspecto de enorme importância neste novo contexto de relações sociais e de poder por meio da tecnologia da máquina a vapor é o fato de a natureza concentrar determinadas qualidades, minérios, por exemplo, em determinados lugares, o que implica menor dispêndio de energia na sua produção e concentração. E a energia – capacidade de transformar a matéria ou de realizar trabalho – passa a ser a matéria das matérias, até porque sem ela não se transforma as outras matérias. Jean-Pierre Deléage nos informa que a produção de uma tonelada de cobre demanda 22.500 kw de energia para um teor de 1%; se o teor for de 0,5% exige 43.000 kw e, para um teor de 0,3%, requer 90.000 kw de energia.[3] Como não são os homens que fazem essa distribuição das jazidas minerais, que, como se vê, são energia concentrada sob as mais diversas formas, serão as guerras que, pela força (energia) das armas, tentarão impor o controle deste recurso para lá de estratégico.

O capitalismo deve muito do seu desenvolvimento aos combustíveis fósseis – carvão e, depois, petróleo e gás. A sociedade industrial, tal como se constituiu até aqui, sob as relações sociais e de poder capitalistas é, nos termos de Altvater, *fossilista*. Assim, o controle das reservas de energia fóssil, além de uma questão econômica, o que tem sido muito destacado, é, sobretudo, uma questão estratégica, de logística mesmo, até porque a matriz energética do complexo industrial ainda hoje hegemônico está baseada nesses combustíveis. Pouco antes da invasão do Iraque pelos EUA, em março de 2003, enquanto o barril de petróleo custava US$ 25,00, o custo militar para garantir o suprimento do Ocidente deste recurso equivalia a US$ 75,00 por barril. Os EUA, com apenas 6% da população mundial, responde por 24% de todo o consumo anual de combustíveis fósseis.

Como cada vez mais suas próprias reservas territoriais estratégicas escasseiam – os diagnósticos falam entre cin-

---

3 Apud ALTVATER, E. *O preço da riqueza*. São Paulo: Editora UNESP, 1995. p.59.

co e vinte anos, segundo as fontes mais ou menos pessimistas – e o pânico parece tomar conta dos estrategistas estadunidenses, como o demonstram a tentativa bélica de controle do Oriente Médio, as buscas de alternativas (1) na Ásia Central e Mar Cáspio (invasão do Afeganistão) e (2) na América Latina e Caribe, seja internacionalizando a guerra civil histórica da Colômbia para, entre outras coisas, garantir o suprimento de petróleo, sobretudo na fronteira com a Venezuela, onde atua o Exército de Libertação Nacional colombiano; seja estabelecendo bases militares no Equador (Manta); seja, ainda, exercendo pressão pela privatização do gás boliviano e pelo controle do petróleo mexicano e sobre o governo Hugo Chávez, da Venezuela. Onde há petróleo não há paz, que o digam as populações indígenas e camponesas, nos países citados, na Nigéria (o povo Ogoni), no Timor Leste ou na Indonésia, para não falar do Oriente Médio.

A liderança estadunidense no mundo se faz enquanto consegue manter e impor a matriz energética "fossilista" sobre a qual exerce o controle e enquanto consegue dissuadir, por diferentes meios (nem sempre pelo argumento, como ocorreu no Protocolo de Kyoto), a emergência de outras matrizes energéticas, sobretudo as renováveis, das quais a solar é, sem dúvida, a mais promissora. Os países tropicais podem, neste sentido, vir a cumprir um papel protagônico, sobretudo o Brasil, o maior deles.

Hoje sabemos que o motor a explosão devolve à atmosfera o carbono fixado nas plantas e animais que foram mineralizados há milhões de anos e, assim, contribui para o efeito estufa. Não só se devolve à atmosfera o carbono que, pela fotossíntese de milhões de anos atrás, fez-se planta e animal, como também se projeta num futuro de algumas gerações o efeito estufa que lançamos aqui e agora na atmosfera. As consequências de uma política atual sobre a diminuição dos gases de efeito estufa demorariam até cem anos para se fazerem sentir.

Sabemos, pois, dos efeitos de insistirmos no uso de combustíveis fósseis, diferentemente das gerações que nos antecederam. Afinal, nossa espécie, com esta potência de transformação da matéria, passou a desencadear efeitos ligados às leis da termodinâmica inerentes ao processo de trabalho, isto é, a dissipação de calor, e o aumento da desordem – entropia –, cujo melhor exemplo é o lixo. Assim, o aumento da temperatura do planeta dar-se-ia não só pela retenção da energia irradiada pela terra provocada pela presença de CO_2 – o efeito estufa –, como também pela energia dissipada sob a forma de calor pela transformação da matéria.

Acrescente-se ainda que a máquina, esta nova tecnologia que se move a partir do aquecimento e vapor, implica, ainda, maior consumo produtivo de água em todos os setores (agrícola, industrial e no consumo *per capita* urbano), além do consumo da água para o resfriamento de turbinas. Voltaremos a este assunto mais à frente.

Com essa revolução nas relações sociais e de poder por meio da máquina a vapor, o conhecimento da geografia física do planeta e de sua geologia torna-se vital para identificar e localizar os melhores solos e subsolos. Amplia-se enormemente o leque de recursos naturais que se pode explorar, indo muito além daqueles que tenham alto valor por unidade de peso, como o ouro, a prata, as especiarias. As jazidas de ferro, de manganês, de cobre, de chumbo, de zinco, de bauxita, de níquel e de estanho tornam-se objeto de cobiça porque estavam dadas as condições para a sua exploração e deslocamento, onde quer que estivessem. A África será um continente cujas entranhas serão revolvidas e seus recursos minerais removidos para fora, para os EUA e Europa, ao longo dos séculos XIX e XX. A África, que antes havia sofrido uma verdadeira razia de sua população, desde o século XV e XVI, com o sequestro e tráfico de seus habitantes para se fazerem escravos na América, para proveito da burguesia europeia, verá agora um verdadeiro saque de seus recursos naturais.

NOVOS MATERIAIS E AS NOVAS RELAÇÕES SOCIAIS E DE PODER POR MEIO DE TECNOLOGIAS

O geólogo argentino Eduardo Mari afirma que, até 1945, a humanidade não manipulava mais do que 25 a 30 dos elementos da tabela periódica da química. Hoje, são usados todos os 90 e mais 26 sintéticos que, tal como os transgênicos, não existem em estado natural. Assim, em um período de apenas sessenta anos, vimo-nos manipulando materiais com que a espécie *Homo sapiens sapiens*, em todo seu processo de hominização, não havia manipulado até então. Há, aqui, tensão entre tempos distintos, o da espécie humana como ser biológico, processo de hominização, e ser histórico num tempo acelerado impulsionado pela tecno-lógica do *time is money* que se acredita sem limites. Convivemos hoje em nossas casas com o európio no tubo de nossos televisores coloridos, o nióbio nos isqueiros, o neodímio nos *lasers* cirúrgicos, o rubídio nos fogos artificiais, o berílio nos óculos, o circônio em nossos pisos cerâmicos e tantos outros elementos.[4]

Cada vez mais falamos de química *fina*, de biologia *molecular*, de *micro*biologia, de física *nuclear*, de física *atômica*, de *micro*eletrônica, de *nano*tecnologia. São expressões – *molecular, nuclear, atômico, fina, micro* e *nano* – que nos remetem ao nível mais ínfimo da matéria. A expressão *nanotecnologia*, cada vez mais invocada, indica que se trabalha ao nível do nanômetro, ou seja, a uma dimensão que equivale a um bilionésimo do metro ou, tentando tornar esta medida assimilável aos mundanos, algo que corresponde ao diâmetro de um fio de cabelo médio dividido sessenta mil vezes.

---

4   MARI, E. *El ciclo de la Tierra*. Fondo de Cultura Económica, Buenos Aires y México, 2000. p.52-3.

Alguns autores afirmam que se opera uma verdadeira "desmaterialização" e, a partir daí, uma "transmaterialização". Com as novas tecnologias de culturas de tecidos, de células e de organismos geneticamente modificados, ocorre na agricultura um processo muito semelhante à desmaterialização e transmaterialização que vem ocorrendo no mundo da indústria de mineração. Aqui também a biologia se aproxima da química e a nanotecnologia tem seu correspondente na biologia molecular e na biotecnologia.

Com a tecnologia industrial de produção de enzimas em biorreatores, podem-se obter, entre outras coisas, excelentes substitutos de manteiga de cacau com base em toda uma gama de óleos e gorduras derivados de plantas e animais (óleo de palmeira, óleo de soja, óleo de baleia, óleo de colza) que, até aqui, estavam desconectados da produção de cacau. Assim, um produtor de cacau do sul da Bahia ou do Pará tem que competir no mercado, hoje, não só com os produtores de cacau de Gana ou de algum outro país africano, mas, também, com a indústria de pesca de baleia do Japão.

Na verdade, o mercado está cada vez mais mediado pela indústria e não mais simplesmente entre vendedores e compradores desta ou daquela matéria-prima. O mesmo se dá com o café, cuja matéria-prima para a indústria que o processa já não deriva mais, necessariamente, do *Coffea arabica* ou outra variedade com que até aqui se produzia café: pode ser uma substância química obtida de algum mineral, ou da criação de algum animal ou outra planta sintetizada quimicamente.

Profundas transformações na geografia econômica, política e cultural estão em curso. Vinte e oito países produtores de café serão afetados por biotecnologias (cultura de tecidos e de células e transgênese vegetal); dezesseis países, no caso do açúcar e da banana (plátano); quinze países, no caso do algodão e do cacau; dez países, no caso do coco; seis países, no caso do arroz; cinco países, no caso da borracha; quatro países, no caso do chá; três países, nos casos do óleo da palmeira, da soja, e do trigo; dois países, nos casos da baunilha, do fumo e do milho e, pelo menos, um país nos casos do girassol, da mandioca e da batata, segundo Seiler.[5]

Atentemos para o fato de que estamos diante de uma profunda transformação nas relações de poder por meio dessas tecnologias. Afinal, essas novas substâncias e materiais substituem uma série de produtos tradicionais e, desse modo, o que passa a ser importante agora é a matéria "desmaterializada" como enzimas, sintéticos, substâncias químicas em grande parte pré-calculadas que condicionam os usos à jusante das cadeias produtivas.

Com as substâncias tornando-se cada vez mais intercambiáveis, como o amido adoçante à base do milho HFCS ou as enzimas que substituem a manteiga de cacau, os países situados no polo dominado no padrão de poder mundial, tradicionais exportadores de matérias-primas, perdem não só mercados, como também poder no jogo geopolítico global. Os países hegemônicos e suas indústrias têm seu poder fortalecido, à medida que a indústria passa a ser a mediadora de todo o intercâmbio, este é o ponto central. Estamos, pois, diante de uma revolução nas relações de poder por meio da tecnologia e não, simplesmente, diante de uma revolução tecnológica, como se aprega, olvidando-se das implicações políticas nela embutida. A biodiversidade torna-se assim uma questão político-estratégica tanto quanto a tecnologia.

O tema das patentes e da propriedade intelectual está aqui implicado. A questão cultural assume um papel político central, inclusive, por suas repercussões ambientais,

---

[5] SEILER, Achim. Biotecnologia e terceiro mundo: interesses econômicos, opções técnicas e impacto socioeconômico. In: ARAÚJO, Hermetes Reis de. *Tecnociência e cultura:* ensaios sobre o tempo presente. São Paulo: Estação Liberdade, 1998. p.47-64.

até porque é o controle da mais elementar energia que está em jogo, qual seja, o controle do modo de produzir os alimentos e garantir a saúde humana com os remédios. Ou, como assinala Vandana Shiva, o que estas novas tecnologias proporcionam é a separação entre produção e reprodução, ao tentarem patentear as sementes (reprodução) e, por meio da propriedade, criar barreiras de acesso, paradoxalmente num mundo que se quer sem fronteiras. Observemos que a semente não é somente uma substância: é, também e sobretudo, conhecimento nela materializado – por isso, também, aqui a questão cultural se torna essencialmente política.

Coloca-se então a questão da reprodução de nossa espécie – *Homo sapiens sapiens* – e sua especificidade em relação às demais espécies biológicas: como qualquer outra espécie biológica, precisamos do alimento (energia) para nos reproduzir e, por outro lado, o fazemos por meio da cultura, isto é, daquilo que cultivamos e dos conhecimentos nessas práticas implicados. Assim, o conhecimento é tão importante como a semente e o debate em que estamos imersos é de natureza claramente política, uma vez que o que se está a definir é se o conhecimento continuará disperso e inscrito na vida dos povos ou se será deslocado para o ambiente dos laboratórios, cada vez mais nas mãos das empresas privadas.

Até aqui, convivíamos com o cacau, o café, as ervas e os remédios tal como o fruto e a árvore se dão ao olho nu e como paisagem. Agora, com a "desmaterialização" e a "transmaterialização", são requeridos aparelhos sofisticados para que a matéria possa ser vista. Sabe-se que a coleta aleatória de material genético tem custo muito elevado para os laboratórios, para que a partir das espécies recolhidas ao azar se consiga isolar algum princípio ativo. Entretanto, se partimos de usos ancestrais de cura de febres, inflamações, dores, doenças e, ainda, da culinária, grande parte do caminho já terá sido percorrido.

Mais do que biopirataria, é a pirataria do conhecimento ancestral de camponeses, dos povos originários e de afrodescendentes – de que rezadeiras, curandeiros, parteiras, pajés e xamãs são portadores e que tanto foi desqualificado pelo saber eurocêntrico. Mais do que de biopirataria, é diante de etnobiopirataria que estamos. Eis uma luta difícil, porque exige a superação de preconceitos contra populações portadoras de conhecimentos ancestrais que, paradoxalmente, continuam sendo concretamente apropriados pelos grandes laboratórios, sem pagamento de *royalties* que, diga-se de passagem, essas mesmas populações recusam, até porque são conhecimentos comunitários, coletivos, comuns e, como tais, não devem ter nenhuma barreira de acesso. São, assim, patrimônio da humanidade e não propriedade privada que, como o nome já indica, priva os demais de propriedade.

Não sem sentido os povos originários (indígenas e aborígines em linguagem eurocêntrica), os afrodescendentes e os camponeses em geral vêm mobilizando-se em todo o mundo em defesa de suas matrizes de racionalidade, de suas culturas. É o controle da reprodução, enfim, do futuro que está em jogo e, ao mesmo tempo, se múltiplas culturas e povos terão condições de garantir uma humanidade diversificada e com múltiplas fontes de conhecimento ou um futuro sob controle de algumas poucas grandes corporações mundiais. E não estamos falando de um futuro longínquo. A Tabela 2 (p.121) nos indica como algumas poucas empresas já controlam parcelas significativas do ramos de alimentos e remédios. E, para surpresa geral, desde 2002 a empresa de maior faturamento no mundo não é do setor automobilístico nem do bancário nem eletrônico, mas, simplesmente, do setor de supermercados – a empresa Wal-Mart.

Tabela 2 – O poder das dez maiores empresas por setores selecionados

SETOR	Controle do mercado mundial (em %)	Principais empresas
Agroquímicos	90,0	Bayer, Syngenta, Monsanto, BASF e Dow, Dupont.
Produtos farmacêuticos	58,4	Pfizer + Pharmacia, Glaxo Merck & Co., Bristol Myers, Astra Zeneca, Aventis, Novartis e SmithKline.
Alimentos e bebidas	34,0	Nestlé, Kraft Foods, ConAgra, Pepsico, Unilever, Archer Daniels Midland, Cargill, Coca-Cola, Diageo, Mars Inc.
Sementes	30,0	Dupont, Monsanto, Syngenta, Groupe Limagrain, Savia, Advanta, Delta & Pine Land, Dow – às quais, mais tarde, se somaram a Bayer e BASF.

Fonte: *La Jornada*, México, 1º mar. 2003.

Quando o Sr. José Bové, da Via Campesina, ou o MST no Brasil, elegem a Monsanto e o McDonald's como alvos de suas manifestações, acabam juntando duas pontas de um mesmo processo que envolve o rural e o urbano, o Norte e o Sul, a diversidade cultural do mundo contra a tendência para a homogeneização (ou diversidade tutelada) que diz respeito a todos. Aqui, até mesmo a paisagem está implicada, e nas reuniões da OMC ela tem sido abertamente reivindicada por esse movimento quando propõe o princípio da multifuncionalidade, que daria direito a um país de impedir o livre comércio de um produto em suas fronteiras se ele viesse pôr em risco a paisagem e a cultura de uma determinada região.

Como dizem os franceses em relação aos seus vinhos: não é de terra que se trata, mas sim de *terroir*.

A des-ordem ambiental no contexto da des-ordem neoliberal

Limites; há limites. Eis, paradoxalmente, uma das mensagens lançadas pelo movimento da contracultura, de onde emerge o ambientalismo, nos anos 1960. Antes que vissem ali um convite à imposição externa de limites, o que se reivindicava era exatamente o contrário, na medida em que se buscava recuperar o sentido primeiro de política que é, segundo os gregos, a arte de definir limites.[6] Trata-se da reapropriação da política por parte da iniciativa dos homens e mulheres comuns contra as hierarquias dos partidos políticos, dos sindicatos e das instituições de poder.

Ali surgia um novo tipo de crítica à ordem societária, colocada assim em questão. Não se tratava de reivindicar que todos participassem do banquete de consumo que se oferecia no Primeiro Mundo, mas sim de criticar a ideia de que todos fossem iguais por meio do consumo. Sigmund Freud, nos anos 1920, cunhara a expressão "mal-estar da civilização", que sintetiza bem, junto com o *the dream is over* ("o sonho acabou") de John Lennon, o "espírito da época", parafraseando Hegel.

Afinal, vivemos um mundo em que os maiores perigos já não mais advêm da peste ou da fome, mas, sim, das próprias intervenções feitas por meio do sistema técnico-científico. O efeito estufa, a ampliação da camada de ozônio, a erosão genética e de solos, a doença da vaca louca, a gripe

---

6 Afinal, a palavra *pólis* significa muro, limite, e indicava o muro, o limite que separava a cidade do campo. Só depois a palavra *pólis* passou a designar o que estava contido entre os muros, delimitado entre eles. Todavia, a palavra *política*, derivada de *pólis*, continua a conter esta dimensão de limite, como arte de defini-los. Tirania, quando um define os limites; oligarquia, quando poucos definem os limites; democracia, quando o povo define os limites.

asiática (Sars), o vírus ebola, a doença do frango, o DDT, o ascarel, o amianto, o césio, o pentaclorofenato de sódio (o pó da China), o agente laranja (Tordon 45), entre tantos riscos que se nos apresentam, não são obras da natureza e, sim, efeitos de nossa ação por meio de poderosos meios técnicos e científicos. É o que Anthony Giddens e Ulrich Beck chamaram de reflexividade, característica da "*sociedade de risco*" contemporânea. O ambientalismo torna-se uma questão central até por causa da des-ordem ecológica global.

Assim, desde 1972, em Estocolmo, a questão ambiental passou a ocupar um lugar de destaque nas relações internacionais, constituindo-se mesmo em um dos principais vetores instituintes da nova des-ordem mundial. O auge da questão deu-se com a Conferência do Rio de Janeiro, em 1992, quando estiveram presentes todos os grandes chefes de Estado do mundo no Riocentro e, pela primeira vez, movimentos sociais e organizações não governamentais em uma conferência paralela, no aterro do Flamengo. O caráter mundializado das lutas sociais estava consagrado.

Desde a Rio 92, todavia, a questão ambiental foi sendo assimilada pelas relações sociais e de poder hegemônicas, sobretudo pelo poder econômico, o único poder em que, diga-se de passagem, o controle democrático por parte da sociedade é débil e onde, inclusive, os que trabalham diretamente manipulando a matéria não necessariamente conhecem a fórmula com que lidam no seu dia a dia, protegido o proprietário, e não a sociedade e o ambiente, pelo sigilo comercial. É como se só pudéssemos discutir os efeitos, estufa ou outros, mas jamais as causas que os produzem. É de radicalização democrática, vê-se, que carecemos.

A injustiça ambiental como parte da des-ordem mundial

Desde que os EUA romperam unilateralmente os Acordos de Bretton Woods (1972), da crise do petróleo (1973) (que teria um repique em 1979) e como resposta aos movimentos de libertação nacional e revolucionários que grassaram nos anos 1960, uma nova configuração de poder mundial se delineou. No desenho que se seguiu, foram enormes as implicações ambientais em todo o mundo. Vejamo-las um pouco mais de perto.

Em primeiro lugar, destaquemos, esteve a recuperação do desenvolvimentismo que, como vimos, começara a ser criticado (contracultura, ambientalismo) ali onde, acreditava-se, teria dado certo (Europa e EUA). Afinal, muitos foram os que criticaram o subdesenvolvimento e, assim, o que se criticava era o *sub* e não o desenvolvimento. Desse modo, a colonialidade do pensamento sobrevive, posto que o que se quer é ser de "Primeiro Mundo". Assim, oferecer-se-á mais do mesmo. Nunca houve tanta ajuda para o desenvolvimento como após os anos 1970 e, com isto, tanta construção de estradas, de represas para hidrelétricas etc. As organizações multilaterais – a ONU, o Banco Mundial, o Fundo Monetário Internacional e, mais tarde, a OMC – passaram a pautar a agenda mundial como nunca, até porque agora se dispunha de novos meios de telecomunicação cada vez mais, diz-se, em tempo real ou, melhor ainda, aproximando os lugares, embora mantendo a clivagem do sistema-mundo moderno-colonial de uma geografia desigual dos proveitos e dos rejeitos.

A Conferência de Estocolmo de 1972, a primeira convocada pela ONU para debater o meio ambiente, recomendara explicitamente que o meio ambiente fosse contemplado nas relações multilaterais. A partir daí surge o Pnuma – Programa das Nações Unidas para o Meio Ambiente – e, no Brasil, cria-se, em 1973, a Sema – Secretaria Especial do Meio Ambiente – ligada diretamente à Presidência da República. Todos os financiamentos para a construção de grandes hidrelétricas e rodovias contaram com análises de impacto ambiental, condição para que se obtivessem os financiamentos, conforme exigência dos organismos multilaterais que atenderiam às recomendações de Estocolmo.

Chico Mendes teve projeção internacional em função de suas denúncias de que na construção da BR 364 o dinheiro dos cidadãos do Primeiro Mundo estava financiando a devastação do planeta sem que os organismos multilaterais efetivamente controlassem o destino e a aplicação desses recursos. Os conflitos ambientais, vê-se, se complexificam, e a própria estrutura de poder do sistema-mundo moderno-colonial começa a vir à luz com a emergência de novos protagonistas que, até então, estavam alijados do jogo de poder mundial. Neste sentido, a liderança de Chico Mendes é emblemática ao mostrar como o próprio Estado nacional conformava uma estrutura de opressão contra camponeses e indígenas – a colonialidade sobrevivendo ao fim do colonialismo –, enfim, contra os "de baixo", e que se mantinha graças a relações internacionais, em que só os "de cima", do Primeiro e do Terceiro Mundos, eram os protagonistas. A luta de classes ganha novos contornos até porque os "de baixo" também começam a fazer política externa.

O deslocamento do lastro em ouro, conforme Breton Woods, para o padrão dólar colocou o mundo todo à mercê da moeda emitida por um só país – os EUA. Os organismos multilaterais, por seu turno, passaram a agir sob essa tutela e tudo passaram a fazer para evitar que a crise da dívida dos países se transformasse numa crise de crédito, como ressalta Altvater. De um ponto de vista estritamente ambiental, a dolarização e os juros altos são mediatamente perversos. Afinal, para pagar a dívida externa há que se ter dólar, há que se exportar e, assim, cada vez mais maiores áreas são incorporadas à lógica de produzir para mercados longínquos, externos. O impacto sobre a Amazônia e, pouco se fala, sobre os cerrados brasileiros, tem sido devastador. Mata-se e desmata-se amplamente.

A partir de 1992, põe-se em curso uma série de políticas que poderíamos chamar de neoliberalismo ambiental, sendo o Banco Mundial seu maior incentivador, ele que fora duramente criticado anteriormente por sua política desenvolvimentista. Para isso, o Banco Mundial criou um órgão específico, o GEF – *Global Environment Facility*.[7] Aqui também tudo se faz para evitar que a crise ecológica se torne uma crise de crédito. A natureza é traduzida em linguagem mercantil. A Terra, embora não seja uma mercadoria, é tratada como se fosse. Cada vez mais se fala em *commodity ambiental*. Tudo deve ser transformado em dinheiro, lógica mercantil que, sabemos, abstrai-se do mundo na sua materialidade.

É a crematística ignorando a logística. É a apropriação da problemática ambiental por parte das grandes corporações do que a Conferência Rio+10, realizada em Johannesburgo em 2002, foi a melhor expressão. Ali já não se via mais aquele clima alegre e festivo da diversidade do mundo que se viu no Aterro do Flamengo, em 1992. Não, em Johannesburgo o clima estava mais para aquele do Riocentro em 1992, com um elevado número de ONGs, já não mais associadas aos movimentos sociais, mas sim a governos e empresas das quais captam verbas. Um elevado número de jovens universitários com boa formação técnica, alijados do mercado de trabalho pela própria mudança nas relações sociais e de poder por meio da tecnologia, torna-se o caldo de cultura, pelas circunstâncias, desse neoliberalismo ambiental, criando ONGs onde desenvolvem trabalhos necessários, quase sempre sob condições precárias em termos de direitos sociais e trabalhistas.

Assim, por todo o lado, o que se vê é a reprodução de uma geografia desigual que abriga uma injustiça ambien-

---

[7] NOBRE, M.; AMAZONAS, M. de Carvalho. *Desenvolvimento sustentável*: a institucionalização de um conceito. Brasília: Ibama, 2002. PORTO-GONÇALVES, C. W. *A globalização da natureza e a natureza da globalização*. Rio de Janeiro: Record (no prelo).

tal. Segundo o documento *Perspectivas del medio ambiente mundial* do Pnuma:[8]

> Os 20% mais ricos da população mundial são responsáveis por 86% dos gastos de consumo privados, consomem 58% da energia mundial, 45% de toda a carne e pescados, 84% do papel e possuem 87% dos automóveis e 74% dos aparelhos de telefones. Em contraste, os 20% mais pobres do mundo consomem 5%, ou menos, de cada um desses bens e serviços.

Segundo a ONU (Informe do Pnud, 1998), para satisfazer às necessidades básicas do conjunto da população do planeta, bastariam somente 4% das 225 maiores fortunas do mundo. E para satisfazer as necessidades sanitárias[9] bastariam 13 bilhões de dólares, isto é, 13% do que, nos Estados Unidos e na Europa, se gasta anualmente com perfume!

Uma análise da "pegada ecológica"[10] de diferentes países e cidades revela a enorme injustiça ambiental implicada na atual des-ordem mundial. A população de Londres, por exemplo, com 12% da população total do Reino Unido, exige uma *pegada ecológica* de 21 milhões de hectares ou, simplesmente, toda a terra produtiva do Reino Unido, segundo cálculos de Herbert Giardet, do *London Trust*. Em Vancouver, no Canadá, constatou-se que a área exigida para manter o nível de vida da população corresponde a 174 vezes a área de sua própria jurisdição. No caso de Londres, essa relação é de

---

8 PNUMA. *Perspectivas del medio ambiente mundial* – GEO-3. Barcelona: Mundi--Prensa, 2002. p.35.
9 Em 1998, quatro bilhões de habitantes do Terceiro Mundo não tinham acesso à água potável, nem à energia elétrica e 50% das crianças sofriam de desnutrição.
10 A pegada ecológica é, segundo o Pnuma (*Perspectivas del medio ambiente mundial 2002 – GEO-3*, p.36), uma unidade de área que "corresponde ao número necessário de hectares de terra biologicamente produtiva para produzir os alimentos e a madeira que a população consome, a infraestrutura que utiliza, e para absorver o CO_2 produzido durante a queima de combustíveis fósseis". A pegada ecológica leva em conta, assim, o impacto que a população produz sobre o meio ambiente e é uma função do tamanho da população, do consumo médio de recursos *per capita* e da intensidade dos recursos tecnológicos utilizados.

125 vezes e, no caso das 29 cidades da Bacia do Mar Báltico, é de 200 vezes a sua própria área (Pnuma, 2002, p.243). Segundo o informe do Pnuma de 2002,

> uma cidade média da América do Norte com uma população de 650 mil habitantes requer 30 mil km² de terra, superfície aproximada da Ilha de Vancouver, Canadá, para satisfazer suas necessidades internas sem considerar as demandas ambientais da indústria. Em contraste, uma cidade da Índia de um tamanho similar requer somente 2.900 km². (Pnuma, 2002, p.243)

Em outras palavras, um habitante de uma cidade típica da América do Norte tem uma *pegada ecológica* de 461 hectares, enquanto na Índia a *pegada ecológica per capita* é de 45 hectares. Assim, o planeta sofre um impacto ambiental dez vezes maior quando nasce um bebê no primeiro mundo do que quando nasce um bebê na Índia, na China ou no Paquistão. Um malthusianismo cego, ainda hegemônico nas lides ambientalistas, está infelizmente muito mais preocupado com o controle da população na Índia do que com a injustiça ambiental que sustenta a injusta ordem de poder mundial.

Esses dados nos permitem visualizar o componente de injustiça ambiental que subjaz ao atual padrão de poder mundial, e nos autoriza a afirmar que há uma verdadeira dívida ecológica das populações urbanas para com as rurais, dos países industrializados e suas populações para com os países agrícolas e suas populações. Toda a questão passa a ser a de como convencer os que se beneficiam dessa injustiça ambiental a vislumbrar outra ordem societária mundial, na qual justiça social, diversidade cultural e sustentabilidade ambiental coloquem-se como princípios a serem conduzidos com a participação protagônica de cada um e não por um saber (e um poder) que, de fora, se quer colocar sobre cada qual.

O filósofo Immanuel Kant já nos alertara, no século XVIII, que a metáfora do voo do pássaro, tão invocada como expressão de liberdade, não nos deveria enganar. Afinal, o pássaro, para voar, não pode prescindir do atrito do ar, pois é o contato com o ar que o faz flutuar. Não há liberdade sem atrito. A materialidade do mundo e os nossos anseios de transcendência, enfim, a complexa relação entre o finito e o infinito, entre os limites e o ilimitado, é o que a análise da des-ordem ambiental planetária traz para o debate.

∎

6 Entre territórios, redes e aglomerados de exclusão: uma nova regionalização é possível?

Nosso raciocínio foi construído ao longo deste livro sob o pressuposto de que a ordem (territorial) mundial é na verdade, sempre, uma des-ordem, ou seja, caminha dialeticamente num processo concomitante de destruição e reconstrução de territórios – ou seja, num processo de des-re-territorialização. Uma clivagem estruturante constitui o que, também, denominamos historicamente a formação de um sistema-mundo moderno-colonial. Essa ordem é extremamente complexa e não podemos compreendê-la sem a análise das especificidades e da imbricação entre suas múltiplas esferas ou dimensões – o espaço econômico, o espaço político, o espaço cultural e o espaço "natural" –, postas em movimento por sujeitos concretos de carne e osso, como se expressava E. Thompson.

Dizíamos já na Introdução que nossa leitura geográfica da nova des-ordem mundial seria pautada na ideia de território como processo ao mesmo tempo de domínio (político-econômico) e apropriação (simbólica) do espaço. Daí a questão: o que há de novo nos processos de des-re-territorialização contemporâneos, capaz de identificar uma "nova" des-ordem em âmbito mundial?

Economicamente falando, verificamos que o espaço mundial caracteriza-se por maior flexibilidade e certa horizontalidade nas relações intra e interempresas e regiões. Ao mesmo tempo, os processos de globalização, na sua fase atual de globalização neoliberal, acentuam brutalmente as desigualdades, a exclusão e/ou segregação socioespacial (com índices crescentes de desemprego) e a exploração (com a reintensificação do trabalho escravo, por exemplo). A onda de privatização neoliberal, que hoje começa a ser contestada, levou a uma mercantilização desenfreada que atinge os mais diferentes domínios da vida humana e inclui a expansão dos circuitos ilegais, tráficos de toda ordem que incluem o próprio tráfico de crianças e o de órgãos.

Na política, verificamos que a fragilização dos Estados nacionais em sua capacidade de controlar a sociedade pelo território é relativa: enquanto perdem terreno em áreas como o comércio internacional (reforçado em termos de blocos econômicos), ganham em outras, como o controle da mobilidade da população. A privatização atinge até mesmo o setor militar, com o crescimento das empresas privadas responsáveis por manter grandes contingentes (para)militares ou "mercenários" em áreas de conflito.

Culturalmente, vimos que nem a homogeneização nem o propalado "hibridismo" cultural são unanimidade. Enquanto se expande uma cultura "global" nos moldes ocidentais, entrecruzando-se de forma complexa com as culturas locais (por meio dos chamados processos de "glocalização"), reforçam-se também várias identidades locais, regionais e nacionais, étnicas ou religiosas. Por outro lado, hibridização e reclusão identitária podem aparecer lado a lado, mediante o fechamento em territórios-zona bem delimitados (novos guetos) e em redes globalmente articuladas, como é o caso de muitas diásporas de grupos culturais mais fechados de migrantes.

A questão ambiental, por sua vez, tem sido fundamental nesse desenho de um novo mapa do mundo, com novas-velhas questões aflorando por todo canto. Em torno dela uma nova concertação de poder mundial vem sendo engendrada com os diversos protagonistas – o Estado e seus gestores e burgueses; os trabalhadores e os novos movimentos sociais e as ambivalentes ONGs. Depois de um início extremamente crítico, quando o ambientalismo batia de frente contra um dos pilares do imaginário moderno-colonial – sua ideologia do desenvolvimento –, pouco a pouco ele foi sendo assimilado por uma lógica mercantil, ainda que com a resistência de setores que identificam na mercantilização generalizada o cerne da injustiça ambiental do planeta.

Assim, ao lado dessa reconfiguração de protagonistas hegemônicos da ordem aqui denominada de moderno-colonial, como o Estado e o Capital – os gestores e os burgueses, de um lado, e os trabalhadores, de outro, vemos a emergência de outros protagonistas, como os novos movimentos sociais e as organizações não governamentais, estas em grande parte implicadas na ordem neoliberal até pelo seu nome – que invoca o "não governo".

O Estado Territorial Moderno, territorialidade por excelência deste mundo moderno-colonial, afirma a hegemonia dos gestores territorialistas e da burguesia (mesmo ao incorporar demandas dos "de baixo", como no *Welfare State* e no capitalismo de Estado monopolista ou "socialismo real"), enquanto nega outras territorialidades, como a camponesa, a indígena e a de afrodescendentes. A metáfora de Anthony Giddens de entender o Estado-nação como "*container* de poder" já não inclui esses novos protagonistas que se afirmam à escala mundial. Reprimidos no interior do Estados nacionais, eles se tornam visíveis quando protagonizam novas relações sociais na articulação entre o nível local e seus territórios tradicionais e a escala mundial. Os camponeses da floresta amazônica brasileira, conhecidos como seringueiros, estão entre os pioneiros deste novo protagonismo. Definitivamente, as classes dominantes tradicionais já não são os únicos protagonistas dentro da escala global da nova des-ordem mundial.

Fica evidente então que o espaço mundial sob a "nova des-ordem" é um emaranhado de zonas, redes e "aglomerados", espaços hegemônicos e contra-hegemônicos que se cruzam de forma complexa na face da Terra. Fica clara, de saída, a polêmica que envolve uma nova regionalização mundial. Como regionalizar um espaço tão heterogêneo e, em parte, fluido, como é o espaço mundial contemporâneo?

A definição mais simples do que significa regionalização – como processo de identificação ou de construção de regiões – é a que afirma que regionalização consiste em encontrar partes num conjunto ou num todo, o que pode se dar basicamente por dois caminhos:

- por um critério geral, instrumento a *priori* estabelecido pelo pesquisador e que atende aos objetivos de seu "recorte" temático (por exemplo, uma regionalização que visa ao planejamento das atividades rurais, a partir da difusão de inovações agrícolas); geralmente, são privilegiados os sujeitos hegemônicos que exercem maior poder de influência sobre a organização regional, como aqueles ligados ao Estado e às grandes empresas;
- por critérios forjados ao longo do trabalho empírico e que levam em conta, sobretudo, a percepção (o "espaço vivido") e a ação "regionalizadora" concreta da multiplicidade de sujeitos que efetivamente constroem os espaços regionais.

Assim, é claro que os critérios adotados são decisivos para o sucesso de nossas regionalizações, escolhidos em função de problemáticas e/ou sujeitos determinados que estabelecem os sempre relativos "limites" regionais. Não se trata de um simples problema de método (para definir limites), mas de questões que envolvem mais o "conteúdo" do que as "formas" da regionalização, considerando a complexidade da formação de regiões dotadas de certa especificidade e coerência/coesão internas e conformadas por determinada correlação de forças sociais e de poder, sempre contraditórias, reunindo hegemonia e resistência.

Toda regionalização, assim, é na verdade um jogo que envolve os interesses e instrumentos genéricos do pesquisador (ou do planejador), que necessita realizar seus recortes para efetivar determinado entendimento e/ou intervenção, e a ação "regionalizadora" efetiva e mais complexa daqueles que produzem o espaço regional em sua diversidade. Além disso, é imprescindível considerar que toda regionalização é historicamente datada, ou seja, tem uma vigência temporalmente limitada, assim como, para os historiadores, toda periodização tem validade "regional" determinada, ou seja, raramente terá uma validade para o mundo como um todo. Dessa forma, propor um único critério de regionalização para o globo em seu conjunto pode parecer temerário, daí o caráter sempre simplificador de qualquer proposta de regionalização, especialmente a esta escala.

Nesse sentido muito genérico e simplificado de região como parcela coerente de um todo, dotada de "coesão" econômico-funcional e/ou político-cultural, múltiplas são as escalas em que é possível regionalizar, desde o interior de uma cidade até, que é o que nos interessa aqui, a própria Terra em sua totalidade. Assim, na escala mundial, um "bloco internacional de poder"[1] pode ser considerado uma região.

Na Geografia mais tradicional, carregada ora de um empirismo mais descritivo, ora de uma lógica determinista pautada na sobrevalorização do ambiente físico ou natural,

---

[1] HAESBAERT, R. *Blocos internacionais de poder*. São Paulo: Contexto, 1990.

a *divisão* do mundo em "regiões" era feita pela simples distinção entre águas e terras, configurando então os famosos "continentes" fisiográficos (América, Eurásia, África e Oceania), ou ainda pela mais simples diferenciação em faixas climáticas (zona intertropical e zonas temperadas e glaciais).

Outros processos tradicionais de regionalização do mundo foram:

- o das grandes "civilizações", de base *cultural*, como ainda recentemente foi proposto, conforme vimos, por Samuel Huntington;
- o dos blocos socio*políticos*, que dividiu o mundo entre socialismo e capitalismo;
- o que associava a estes blocos políticos a base *econômica* moldada na divisão do trabalho entre "Norte" e "Sul", países "desenvolvidos" e "subdesenvolvidos", identificando o Primeiro, Segundo e Terceiro Mundos.

Essa última regionalização acabou sendo mais consistente, principalmente porque de alguma forma vinculou a ordem política à ordem econômica e não se caracterizou propriamente como uma *divisão*, de cima para baixo, ou *a priori* do pesquisador, pois reconhecia também um processo de regionalização a partir da própria sociedade, e acabava por apreender as relações de hegemonia e/ou subordinação diferenciadora dos grupos sociais no interior de cada Estado-nação.

Na década de 1990, entretanto, esta regionalização perdeu muito o seu sentido por motivos que são bem conhecidos: rapidamente foi sendo desfeita a grande ruptura entre "países socialistas" e "países capitalistas", que, entretanto, permanece visível por meio de países como Cuba; percebeu-se que esta fratura era muito mais de ordem militar e ideológica do que propriamente político-econômica, uma vez que a maioria dos países ditos socialistas reproduzia na verdade uma espécie de capitalismo de Estado (que Castoriadis denominou "capitalismo burocrático total" e João Bernardo "capitalismo de Estado monopolista"); e a industrialização, desde pelo menos os anos 1950, não era mais um elemento claramente diferenciador entre "Primeiro" e "Terceiro" Mundo.

Com o desaparecimento do chamado "Segundo" Mundo, o "Terceiro" foi "elevado", sem nenhum mérito, à categoria de "Segundo". Preferiu-se então trabalhar com outro par de concepções, mais simples: Centro e Periferia, ou países centrais, periféricos e, para alguns autores, também semiperiféricos. É interessante lembrar que o próprio geógrafo Ratzel, já no final do século XIX, distinguia "países nodais" ou "medulares" e "países periféricos". Essa nomenclatura, que, na verdade, remonta aos tempos "desenvolvimentistas" de um capitalismo que acreditava poder um dia difundir o "desenvolvimento" do Centro para a Periferia, deve ser lida numa interpretação dialética, como um conjunto contraditoriamente articulado, no qual o Centro não aparece como o espaço da "difusão", mas do controle e/ou do comando (da economia, da política e da ideologia).

Ocorre que também nas relações Centro-Periferia temos hoje vários complicadores. Por exemplo, a pobreza e a exclusão socioespacial, antes amplamente dominantes nos países periféricos, hoje alcançam com inusitada amplitude também os países centrais e as cidades mais ricas do mundo. Não há, também, como acreditava uma certa esquerda, uma relação unilateral e estável entre países centrais "exploradores" e países periféricos "explorados". Formas aviltantes de exploração se dão tanto dentro da Periferia quanto do Centro, e nada impede que um espaço nacional "periférico" se transforme, ainda que em um processo lento e com custos muito altos, em um espaço "central". O que se mantém, na verdade, é o jogo extremamente desigual, típico das relações capitalistas: embora os espaços possam mudar de "posição", para que áreas como a Coreia do Sul alcancem uma condição mais "central" nos marcos das relações sociais e de poder, outros espaços devem periferizar-se, como as Filipinas e o Vietnã, por exemplo. Há uma clivagem que constitui as relações sociais e de poder no sistema-mundo moderno-colonial em suas diferentes fases.

Algumas "divisões" do espaço mundial continuam firmes e estão, de uma forma ou de outra, institucionalizadas, especialmente os Estados-nações e as grandes organizações ou blocos econômicos, com a União Europeia à frente. Elas devem ser consideradas como um dos pontos de partida em qualquer regionalização do mundo. Também as relações Centro-Periferia ou, mais simplificadamente ainda, Norte-Sul, como vimos pelo Mapa 1 (p.50), apesar de sua crescente complexificação, precisam ser levadas em conta.

Propomos então trabalhar uma nova regionalização do mundo pela combinação de três lógicas espaciais: uma, de caráter "zonal", que inclui os Estados-nações e os grandes blocos econômicos, mediante o controle de áreas ou zonas delimitadas por "fronteiras" – como na lógica territorialista típica dos gestores em aliança com a burguesia, guardiões da propriedade; outra, de caráter "reticular", que prioriza a consolidação e o controle do espaço através de redes (fluxos e polos), como as grandes redes do capital financeiro, as redes de diásporas, o narcotráfico e grandes ONGs transnacionais que, todavia, contraditoriamente contam com o apoio dos Estados-nações hegemônicos; e uma terceira, fora da lógica dominante, que denominamos "aglomerados", espaços pouco estruturados onde vigora a instabilidade e a territorialização precária, especialmente entre os grupos sociais mais afetados pelas dinâmicas de exclusão (produzida no interior da des-ordem que aí está), como os refugiados, os sem-teto, os sem-terra, sem falar, por outro lado, na sua "reordenação" por meio de territorialidades regidas por outras matrizes de racionalidade que não a hegemônica eurocêntrica, como é o caso das territorialidades indígenas trazidas ao proscênio mundial pelos zapatistas no México, pelos mapuches no Chile e Argentina e, mais recentemente, pelos indígenas e camponeses bolivianos (Evo Morales) ou, ainda, pelos diferentes grupos de poder territorializados sem Estado no Afeganistão.

Mapear estes processos não é tarefa fácil. O geógrafo Jacques Lévy e outros propuseram, no início dos anos 1990, um mapa-múndi (Mapa 4, p.146) construído a partir de duas lógicas espaciais, uma dita territorial ou, nos nossos termos, "zonal" (os "territórios" no quadro-legenda do mapa), outra reticular (as "redes"). Cada uma delas foi situada diante do que eles denominaram "distância cultural", "Estados", "Economia-mundo" e "Sociedade-mundo", um pouco no sentido de dar conta das múltiplas dimensões (cultural, política, econômica e social) do espaço. Com base em uma atualização desse mapa, já que se referia ao período pré-dissolução da União Soviética, propomos a seguir uma interpretação do seu quadro de conceitos.

A "distância cultural" aparece na forma de "territórios" pela identificação de "Estados com forte identidade cultural", como muitos países andinos, africanos, árabe-muçulmanos, a Índia e a China (apesar de suas fortes fragmentações culturais internas). Na forma de "redes", a distância (neste caso, "proximidade") cultural pode ser analisada pela presença das redes de diásporas, com forte articulação cultural interna, e pelas redes de expansão do islã, principalmente na chamada África Subsaariana.

Os Estados e sua importância política, associados ao que os autores denominam "economia-mundo" (e seu "oligopólio" mundial em torno dos países centrais), podem ser avaliados por meio de sua caracterização mais "territorial" (ou, como preferimos, "zonal"), na forma de semiperiferias, por exemplo (caso de áreas como o Brasil, o Cone Sul sul-americano, a África do Sul e a Rússia – na época, ainda

União Soviética, era parcialmente identificada como Centro ou "potência mundial"). Vinculada à lógica reticular aparece a noção de "potência mundial", já que aí, embora parta de Estados, a lógica espacial dominante não se restringe a eles, mas se alastra por toda uma esfera de influência comandada principalmente de algumas grandes metrópoles da rede de cidades globais.

Desenha-se assim, com base na tríade ou "oligopólio mundial" de grandes "potências" – os Estados Unidos, a União Europeia e o Japão (e, ainda, a emergência da China) –, uma rede de influência em que podemos identificar:

- sob influência direta dos Estados Unidos e seus dois principais centros, Nova York e Califórnia, a América Latina, articulada por meio de três grandes centros: São Paulo, Cidade do México e Buenos Aires;
- sob influência mais direta da União Europeia e sua área *core* no triângulo Londres-Paris-Berlim, o continente africano, articulado principalmente através de suas duas economias mais expressivas, a África do Sul (Johannesburgo) e a Nigéria;
- sob influência do Japão (e, hoje, parcialmente, também da Coreia do Sul e das áreas mais dinâmicas da China, em torno de Xangai e Hong-Kong), o Sudeste Asiático (principalmente através de Bangkok, Kuala Lumpur e Cingapura) e a Austrália (que no mapa original ainda estava ligada a Londres).

Por fim, apesar de todas essas fragmentações apontadas no próprio mapa, os autores acreditam que essas áreas e redes de influência, cada vez mais mundializadas, estão gradativamente configurando uma "sociedade-mundo" globalmente articulada. Eles têm, de certa forma, uma visão demasiado otimista dos processos de globalização, como se estivéssemos no caminho, inexorável, rumo a uma "cidadania global" de universalização democrática de direitos e maior igualdade social.

Outro problema visível nesse mapa é que, na conceituação geográfica proposta pelos autores, o território se define por oposição à rede, como se a rede não pudesse ser um dos elementos fundamentais constituintes do próprio território. Na verdade, o território, mesmo nas sociedades mais tradicionais, como forma de apropriação (cultural) e domínio (político-econômico) do espaço, é sempre composto por áreas ou zonas, nós ou polos e linhas ou fluxos que, articulados, configuram redes. O que varia é o domínio de um destes elementos sobre o outro ao longo do tempo. Assim, enquanto as sociedades tradicionais como as sociedades indígenas eram dominadas por um ordenamento territorial em zonas ou áreas, com limites relativamente bem definidos (variáveis de acordo com o grupo étnico), nas atuais sociedades moderno-coloniais domina a des-ordem territorial na forma de redes, ou melhor, de territórios-rede, como o que identificamos na formação das diásporas.

A menor ênfase à dimensão mais propriamente social do espaço, na qual aparece com força a enorme desigualdade socioespacial da globalização neoliberal, não registrada no mapa, é outra de suas deficiências. Assim, havíamos proposto no Mapa 1 (p.50), a identificação de algumas manifestações espaciais desta desigualdade e daquilo que propusemos denominar "aglomerados humanos de exclusão", grupos precariamente territorializados que lutam cotidianamente pela sobrevivência física.

Em primeiro lugar, identificamos uma "nova linha Norte-Sul", reveladora de uma "periferização" do Centro (ou do "Norte"), tanto no sentido de incorporar novas áreas contínuas, como aquelas dentro da ex-União Soviética, quanto no sentido de ingressar "por dentro" no próprio núcleo dos países centrais, especialmente em suas grandes metrópoles globais. Em segundo lugar, verificamos a existência de inúmeras áreas e até mesmo de Estados inteiros dos quais muitos habitantes estão efetivamente excluídos. Para completar, sabemos da quantidade de pessoas que, cada vez mais, perdem os elementares direitos de cidadania e são jogadas em "acampamentos" ou abrigos provisórios, sem nenhuma garantia territorial para sua sobrevivência, muitas vezes legitimados pelo próprio Estado como "campos" de legislações específicas e discriminatórias.

Em meio a tamanho processo de exclusão ou de inclusão precária,[2] o que compreende também a inserção crescente nos chamados circuitos ilegais, ao mesmo tempo em que encontramos uma verdadeira anomia social, encontramos também várias formas de resistência, tanto no sentido neoconservador, como nos neofundamentalismos religiosos, quanto no sentido emancipatório, como nos movimentos sociais efetivamente transformadores, muitos deles no espaço que, em determinado momento, foi considerado "modelo" para a globalização neoliberal: a América Latina.

Podemos afirmar que a própria globalização carrega uma face negativa, "conservadora", no sentido de manter o *status quo* capitalista, conhecida de todos, e uma face positiva ou transformadora, menos visível mas dialeticamente articulada com a face neoconservadora. Entre os processos que podemos inserir na face emancipatória ou positiva da globalização encontramos parte dos chamados "hibridismos

---

[2] Ressalte-se aqui que estamos trabalhando com uma leitura crítica da noção de exclusão ou, como prefere o sociólogo José de Souza Martins, de inclusão precária, tendo em vista que: a) ninguém está efetivamente "excluído" da sociedade vigente, pelo simples fato de que a "exclusão" é produto dela e que, de um ponto de vista geográfico, ninguém pode estar completamente excluído do território; b) há outras formas de inclusão que não aquela imposta pela lógica (capitalista) dominante, o que admite tanto formas precárias de inclusão (como domina na globalização neoliberal ou do capitalismo flexível) quanto novas formas de resistência e organização social.

culturais", que, ao contrário dos integrismos fundamentalistas, podem promover trocas culturais transformadoras e fundar um novo cosmopolitismo transcultural que recrie a diversidade em outras bases, como uma parte da denominada "glocalização", interação mutuamente transformadora entre dinâmicas de base local e global.

Entretanto, é preciso considerar que as regiões caracterizadas como de integrismo fundamentalista comportam contradições internas. Nelas podemos identificar as que tornariam possível aquilo que Boaventura de Souza Santos chamou de *hermenêutica diatópica*, isto é, um diálogo entre os diferentes *topoi* – lugares das diferentes matrizes de racionalidade culturais. Afinal, não podemos esquecer que há um islamismo da intolerância e um islamismo do diálogo,[3] assim como o Ocidente tem um componente moderno-colonial que quer se impor ao mundo, no qual, contraditoriamente, também, existem fontes e matrizes culturais, sociais, políticas e filosóficas igualitárias e generosas.

Por outro lado, numa visão de caráter mais emancipatório, encontramos movimentos que buscam uma outra globalização, colocando-se francamente contra o neoliberalismo, como, por exemplo, o movimento zapatista no México, núcleo de uma mobilização planetária que, aproveitando-se de redes técnicas da globalização, como a Internet, promove ao mesmo tempo a luta pela diversidade cultural (partindo dos grupos indígenas) e a transformação global das relações econômicas (em encontros mundiais contra o neoliberalismo).

Embora os projetos que buscam outra globalização sejam embrionários, e que entre eles se inclua o reacionário fundamentalismo islâmico, devemos alimentar a esperança

---

[3] Vide MUNIZ SODRÉ. *Claros e escuros*. Petrópolis: Vozes, 1999; e SOUZA SANTOS, Boaventura de. *Democratizar a democracia*. Rio de Janeiro: Civilização Brasileira, 2002.

de que da união dos excluídos de todos os matizes possa nascer algum tipo de sociedade em que globalização não signifique aumento das desigualdades, do desemprego e dos sem-cidadania. Uma globalização feita a partir dos "de baixo" ainda está por ser construída. É o que parece estar sendo protagonizado por um conjunto de movimentos sociais e de organizações sem fins lucrativos que vêm constituindo o Fórum Social Mundial, caracterizado pelas lutas em defesa da diversidade cultural, da justiça econômica, social e política e das questões ambientais. Entretanto, o mais evidente ainda é o aumento do poder da "Tríade" ou do "Oligopólio Mundial", nos termos de Jacques Lévy, sediado em áreas privilegiadas do triângulo EUA-União Europeia-Japão.

Das "periferias abandonadas" e dos imensos subúrbios de imigrantes sub ou desempregados brotam não apenas reações conservadoras e/ou aquilo que a elite globalizada chama de "nova barbárie" planetária, legitimadora do discurso da segurança. Afinal, estes espaços são parte desta des-ordem que-aí-está, mas onde proliferam também novos movimentos político-estético-ético-culturais – vide os indígenas e os camponeses da Bolívia, do Equador e do sul do Chile-Argentina (mapuches), movimentos zapatista, *hip hop*, dos *piqueteros* argentinos, dos sem-terra brasileiros, Via Campesina, *dálits* indianos, entre tantos outros.

Como intelectuais engajados na efetiva transformação social, precisamos estimular a criação de novos símbolos, novos valores e novas ações capazes de substituir a globalização onipotente de uma elite voltada para sua "segurança", garantindo assim o consumo e a competição desenfreadas, por uma globalização alternativa, em que os oprimidos e explorados possam decidir por si mesmos o que deste mundo querem e o que querem afirmar de seus próprios valores, tornando-se solidários na luta por uma sociedade mais justa, culturalmente aberta e étnica e economicamente muito mais igualitária.

Mais do que dizer "proletários de todo o mundo, uni-vos", como uma voz externa e imperativa que quis um dia ser ouvida, que sejamos capazes de entender o recado dos zapatistas quando se veem como "subcomandantes", porque "comandante", de fato, seria o povo. Enfim, que sejamos capazes de aprender com Paulinho da Viola, quando nos ensina que "as coisas estão no mundo/só que eu preciso aprender", ou com Paulo Freire, quando nos sugere que "ninguém liberta ninguém. Ninguém se liberta sozinho. Os homens só se libertam em comunhão".

■

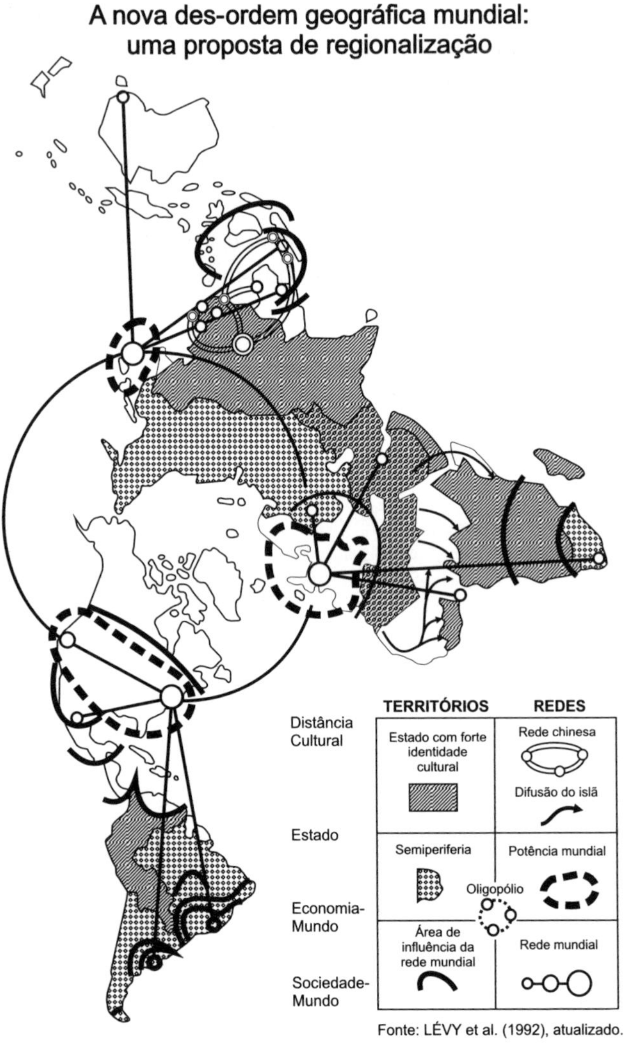

A nova des-ordem geográfica mundial: uma proposta de regionalização

	TERRITÓRIOS	REDES
Distância Cultural	Estado com forte identidade cultural	Rede chinesa
		Difusão do islã
Estado	Semiperiferia	Potência mundial
Economia-Mundo		Oligopólio
Sociedade-Mundo	Área de influência da rede mundial	Rede mundial

Fonte: LÉVY et al. (1992), atualizado.

MAPA 4 – A NOVA DES-ORDEM GEOGRÁFICA MUNDIAL.

GLOSSÁRIO

Aglomerados de exclusão – Espaços de insegurança e precariedade social, onde os grupos sociais estão impossibilitados de construir territórios sobre os quais efetivamente detenham o domínio (político-econômico) e a apropriação (simbólico-cultural), dado o grau de exclusão (ou de inclusão precária) a que esses grupos sociais estão relegados.

Blocos internacionais de poder – Conjuntos de Estados-nações em que as relações de aproximação e semelhança (internas ao bloco) se afirmam sobre as de distanciamento e diferenciação (externas ao bloco), tanto no sentido político-econômico quanto sociocultural. Também podem ser o produto de uma regionalização do mundo em que se sobrevaloriza a dimensão político-militar. A maior fluidez do espaço mundial contemporâneo e a substituição dos blocos político-ideológicos "socialista" e "capitalista" colocam em questão a ideia de bloco internacional de poder, restrito agora à noção de "bloco econômico regional".

"Campo" – Concepção proposta pelo cientista político Giorgio Agamben para os espaços políticos "de exceção" (onde o "estado de exceção" ou poderes excepcionais tornam a regra), começando pelos campos de concentração e extensível, hoje, aos campos de refugiados e de "triagem" de migrantes.

Civilização – Moldado no Ocidente, este conceito expressa, segundo Norbert Elias, "a consciência que o Ocidente tem de si mesmo". Pode ser utilizado como sinônimo de cultura, ou de um tipo de cultura dotada de grande complexidade, qualitativamente distinta. Huntington, espacializando a "civilização", reconhece nela a unidade ou o nível cultural mais amplo de identidade social.

Colonialidade – Trata-se da contraface não assumida da modernidade e implica um conjunto de práticas e saberes que aceita a matriz cultural e política de uma província do mundo – a Europa – como única referência que se quer universal. A colonialidade do saber e do poder se reproduz sobretudo por meio do imaginário – "ser de primeiro mundo".

Diáspora – Redes globais de migração dotadas de grande coesão interna, proporcionada principalmente pelos laços étnico-culturais do grupo migrante, que mantém fortes laços culturais, econômicos e mesmo políticos pela interligação das áreas de dispersão através do mundo.

Divisão Internacional do Trabalho – Resultado da especialização integrada de espaços produtivos, como aqueles dos Estados-nações, em função das vantagens comparativas ou do nível de desenvolvimento tecnológico e do tipo de exploração capitalista da força de trabalho em cada região do planeta.

Hibridismo cultural – Forma de interação cultural não dicotômica (que não separa "Nós" e os "Outros"), que produz miscigenação e identidades múltiplas, em espaços muito mais organizados na forma de redes do que de territórios-zona bem delimitados.

Imperialismo – Em sentido histórico, fala-se, por exemplo, de imperialismo romano, no sentido de expansão geográfica ou de domínio territorial de um Estado sobre outro. A história moderno-colonial exige a distinção entre colonialismo e imperialismo; este último, mais do que um domínio territorial, é um domínio por meio do capital financeiro (fusão do capital bancário com o capital industrial), cujos monopólios partilham entre si os mercados e as fontes de matéria-prima no mundo, com o suporte de algum Estado nacional por meio da diplomacia e/ou da guerra. Assim, há sempre um Estado nacional dando suporte às ações imperialistas, daí dizer-se imperialismo inglês, imperialismo alemão, imperialismo francês e, cada vez mais, imperialismo estadunidense.

Império – Mais do que o nome do Estado ou do povo que exerce o domínio territorial sobre outros, Império é um conceito que destaca a unidade que subjaz ao imperialismo – ou, no caso de Negri & Hardt, que o ultrapassa, como se mais do que imperialismos nacionais houvesse, ou estaria em curso, uma unidade, mesmo que contraditória, que imperaria no mundo. A categoria de Império atualiza um antigo debate entre o imperialismo (Lenin) e o superimperialismo (Kautsky). Atualmente, o cientista político latino-americano Atílio Borón vem mantendo um importante debate com o estadunidense Michael Hardt e o italiano Antonio Negri em torno desses conceitos, com importantes implicações políticas.

Mundo moderno-colonial – O mundo moderno, desde 1492, fez-se por meio da colonialidade. Até então, a Europa não passava de uma província da Ásia e as principais rotas comerciais do mundo passavam pelo Oriente. "Se *Oriente*, rapaz", dizia-se, e não que devemos encontrar um *Norte*, como se diz hoje. A afirmação da Europa como "centro" do mundo seria impossível sem a América, com o ouro e a prata, ou o pau-brasil e a cana produzidos pelo trabalho escravo dos africanos para cá trazidos ou pela servidão indígena. A colonialidade é, assim, constitutiva da modernidade, ou seja, não há modernidade sem colonialidade. Quase sempre modernizar é sinônimo de colonizar.

Des-ordem internacional e des-ordem mundial – Forma de organização do espaço mundial em função de relações de poder (político e econômico) específicas, representativa de um determinado período na estruturação do capitalismo e da geopolítica mundial. Trata-se sempre de uma combinação entre ordem e desordem, dialeticamente articuladas. Enquanto a chamada des-ordem internacional tem no Estado-nação o seu principal elemento articulador, na des-ordem mundial predominam relações de caráter global, com várias outras entidades, como as ONGs.

Organizações não governamentais (ONGs) – Conjunto de entidades cuja atuação se faz para além dos Estados e suas fronteiras internas e externas. Inicialmente, atuavam por razões humanitárias em situações-limite de guerra – Cruz Vermelha Internacional ou Médicos Sem-Fronteiras. Hoje, seu espectro de atuação se ampliou muito, tornando-se mesmo um fenômeno sociológico de grande envergadura. A expressão *não governamental* mantém forte ligação com as políticas neoliberais que também propugnam por não governos ou menos governo, sendo amplamente estimuladas por entidades como o Banco Mundial e, cada vez mais, financiadas por grandes corporações empresariais. O terreno social para a existência de ONGs é fértil, não só pelo agravamento das desigualdades sociais e devastação ambiental no mundo, como pela boa-fé e vontade de participação de jovens com formação técnica e universitária que não encontram trabalho formal por causa da própria revolução em curso nas relações sociais e de poder por meio da tecnologia.

Rede – Espaço organizado a partir de relações sociais que priorizam a mobilidade e a fluidez, através de linhas ou dutos e polos ou nós (conexões), necessários à dinâmica dos fluxos (materiais ou imateriais) que o fundamenta.

Redes ilegais – Espaços reticulares comandados por grupos e entidades não reconhecidas legalmente pela sociedade e que, embora intimamente articuladas à economia e ao sistema político dominantes (como no caso das redes do narcotráfico), não partilham da maior parte das regras formalmente instituídas.

Região – Possui dois sentidos principais: primeiro, produto genérico de determinado método de regionalização, ou seja, um recorte espacial coerente dentro de determinados princípios ou características (geralmente econômicas); segundo, espaço construído a partir de processos sociais específicos, principalmente os regionalismos (políticos) e as identidades culturais (ditas "regionais").

Regionalização – Como método, ação de "recortar" o espaço em unidades dotadas de coesão (funcional e/ou simbólica) interna (para os geógrafos, no mesmo sentido que a periodização para os historiadores); como processo social, dinâmica de construção de regiões-espaços dotados de organização socioeconômica e/ou político-cultural específica no contexto dos Estados-nações ou do mundo globalizado.

Sociedade disciplinar e sociedade de controle – Termos propostos por Michel Foucault e Gilles Deleuze para caracterizar dois tipos sucessivos (e sobrepostos) de sociedade no mundo moderno: enquanto as sociedades disciplinares visavam a produzir a ordem pela disciplinarização dos indivíduos e sua (re)inserção social, em territórios disciplinares (como a escola, o quartel, a prisão), na sociedade de controle (que preferimos denominar "de segurança") visa-se ao controle da "desordem" e à contenção dos fluxos da massa de excluídos produzidos e não "resgatáveis" pelo sistema (os "campos" seriam uma destas tentativas de contenção).

Território – Espaço dominado (mediador de relações de poder político-econômico) e/ou simbolicamente apropriado (mediador de representações e identificações sociais). Todo território só existe a partir da articulação ou "irrigação" realizada através de redes.

Território-zona e território-rede — Estes conceitos partem da estreita vinculação entre territórios e redes, e não da leitura dicotômica que distingue claramente os dois (como a que associa território com a "métrica" euclidiana, em superfície ou zonal e a rede com a "métrica" reticular). Assim, zonas ou áreas e redes seriam constituintes indissociáveis de qualquer território. Quando a dinâmica socioespacial predominante visa ao domínio de áreas ou zonas, temos o território-zona (como nos Estados-nações); quando a dinâmica predominante visa ao controle de redes (polos e fluxos), podemos ter a constituição de territórios-rede (como as grandes diásporas de migrantes).

■

SUGESTÕES DE LEITURA

ALTVATER, E. *O preço da riqueza*. São Paulo: Editora UNESP, 1995. Ousada e consistente análise que põe em prática novas perspectivas teóricas, em que o melhor das ciências sociais é posto em diálogo com as ciências naturais (leis da termodinâmica), sem reducionismos naturalistas ou sociocêntricos, procurando dar conta da geopolítica que se configura no mundo atual e suas perspectivas de superação. Aqui a tradição do pensamento alemão foi enriquecida pela vivência do professor Altvater no Brasil, particularmente na Amazônia.

ESCOBAR, A. *La invención del tercer mundo*: construcción y deconstrucción del desarrollo. Bogotá: Grupo Editorial Norma, 1998. Nesta obra, o antropólogo colombiano analisa a persistência da ideologia desenvolvimentista, apesar das nefastas consequências de sua aplicação no Terceiro Mundo. Mostra como os organismos internacionais, como o Banco Mundial, inventaram esta ideologia, que sustentam com o apoio das elites do Terceiro Mundo. O trabalho aponta ainda alternativas, sobretudo aquelas que emergem dos movimentos sociais e das culturas híbridas, características de regiões como a América Latina.

HAESBAERT, R. *O mito da desterritorialização*: do "fim dos territórios" à multiterritorialidade. Rio de Janeiro: Bertrand Brasil, 2004. A partir do questionamento da forma com que a maioria dos autores trata o tema da desterritorialização (o "fim" ou a fragilização dos territórios), discutem-se aqui noções como território, a relação entre território e rede e aglomerados de exclusão. Mostra-se que muito do que se chama desterritorialização representa, ao contrário, a vivência de múltiplos territórios (uma "multiterritorialidade"), e que os verdadeiros "desterritorializados", ou melhor, aqueles precariamente territorializados, são os mais pobres, os excluídos de várias matizes em sua luta por outra territorialização.

HARVEY, D. *A condição pós-moderna*. São Paulo: Loyola, 1992. Esta é uma obra clássica sobre a pós-modernidade e aquela que mais marcou a leitura geográfica da questão. Harvey propõe conceitos como o de compressão espaço-tempo para mostrar a nova experiência de espaço e tempo sob o capitalismo pós-fordista ou de acumulação flexível, cuja lógica cultural corresponderia à chamada pós-modernidade.

HIRST, P.; THOMPSON, G. *A globalização em questão*. Petrópolis: Vozes, 1998.

Hirst & Thompson fazem uma leitura crítica da globalização, destacando seu papel ideológico, e contestam a tese de que a globalização econômica seria um fato recente, questionando, por exemplo, a mobilidade do capital financeiro, já bastante intensa na passagem do século XIX para o XX. Mostram também a permanência do papel do Estado em diversas esferas da vida social e econômica.

HUNGTINGTON, S. *Choque de civilizações*: a recomposição da ordem mundial. Rio de Janeiro: Objetiva, 1997.

Nesta obra polêmica, que expandiu uma tese de viés culturalista, anteriormente proposta na forma de um artigo, Huntington, um dos cientistas políticos conservadores mais famosos dos Estados Unidos, propõe que, após o fim da Guerra Fria e do chamado conflito Leste-Oeste ou Socialismo-Capitalismo, estaríamos presenciando o "choque de civilizações", no qual os conflitos básicos se dariam nas chamadas linhas de fratura entre as grandes civilizações do planeta.

LANDER, E. (org.). *A colonialidade do saber*: eurocentrismo e ciências sociais – perspectivas latino-americanas. Buenos Aires: Clacso/Unesco, 2000.

Obra esclarecedora, que disseca os fundamentos epistemológicos e políticos da dominação europeia sobre o mundo sob uma perspectiva latino-americana. Nela se revela o papel ativo das chamadas regiões e povos coloniais na construção do mundo contemporâneo rompendo com o eurocentrismo e com seu par contrário, o terceiro-mundismo. Aqui, faz-se notar com todo vigor o pensamento social latino-americano.

LENIN, V. *O imperialismo, fase superior do capitalismo*. Rio de Janeiro: Vitória, 1947.

Clássico da literatura social a respeito das relações internacionais, sobretudo para se compreender a desigual produção da distribuição desigual da riqueza mundial. Obra obrigatória e ponto de partida para todo o debate acerca da fase atual do Imperialismo, Globalização Neoliberal ou Império, como querem alguns. Para ser lida e cotejada junto com a obra de Negri & Hardt, Atílio Borón e Arturo Escobar.

LEVY, J. et al. *Le monde*: espaces et systèmes. Paris: PFNSP e Dalloz, 1992.
Leitura geográfica inovadora da nova ordem geográfica mundial, o mundo entendido como um complexo "sistema de sistemas" que conjuga "o modelo Estado, a transação econômica, a distância cultural e a sociedade-mundo" (para a qual os autores, de forma otimista, acreditam que estejamos caminhando). Compreende ainda análises de áreas específicas, como as Américas, o Oeste do Pacífico, o islã Árabe, a África e a Europa.

MACHADO, L. O comércio ilícito de drogas e a geografia da integração financeira: uma simbiose? In: CASTRO, I. et al. (orgs.) *Brasil*: questões atuais da reorganização do território. Rio de Janeiro: Bertrand Brasil, 1996.
Trata-se de uma das análises mais consistentes, do ponto de vista geográfico, da relação entre o comércio ilícito de drogas e o sistema financeiro internacional. Explora de forma muito clara a "simbiose" entre o comércio de drogas, o sistema bancário (que realiza a lavagem do dinheiro) e o sistema financeiro (no qual o dinheiro se transforma em capital).

NEGRI, A.; HARDT, M. *Império*. Rio de Janeiro e São Paulo: Record, 2001.
Obra polêmica e extremamente instigante do pensamento crítico de inspiração marxista, em que pese sua heterodoxia. Nela procuram os autores romper com uma leitura dominada pela economia política, mesmo que crítica, valorizando a dimensão diretamente política e sua regulação normativa. Tensiona com a teoria do imperialismo e, por isso, é importante lê-la juntamente com críticas como a do cientista político argentino Atílio Borón em seu *Império-imperialismo*: uma leitura crítica de Michael Hardt e Antonio Negri. Buenos Aires: Clacso, 2002.

PORTO-GONÇALVES, C. W. *Geo-grafias*: movimientos sociales, territorialidades y sustentabilidad. México: Siglo XXI, 2001.

Obra que analisa o papel dos movimentos sociais como protagonistas instituintes de novas territorialidades. Aqui, mais do que o espaço geográfico, o que se procura analisar é o papel da ação, enfim, do sujeito social na construção do espaço. Juntamente com o artigo "Da geografia às geo-grafias: um mundo em busca de novas territorialidades" (SADER, E.; CECEÑA, A. (orgs.). *A guerra infinita*: hegemonia e terror mundial. Rio de Janeiro: Vozes e Clacso, 2002), oferece uma rica análise dos limites e possibilidades dos movimentos sociais na construção de novas configurações territoriais.

SANTOS, M. *Por uma outra globalização*, Rio de Janeiro: Record, 2000.

Obra-manifesto, na qual o autor explicita os limites do processo de globalização neoliberal e aponta para a perspectiva não de uma negação da globalização, mas da busca de outra globalização. Enfatiza a necessidade de vislumbrar-se novas territorialidades que valorizem os lugares, onde se dá a convivência do diverso.

QUESTÕES PARA REFLEXÃO E DEBATE

1. Um dos pontos investigados ao longo desta obra foi a própria noção de "nova des-ordem mundial". Em que sentido se trata de uma "nova" ordem e em que medida ela se apresenta efetivamente como "ordem"?

2. No que se refere à proliferação de novos protagonistas no cenário dessa "des-ordem mundial", como eles podem ser caracterizados? Como, a partir daí, se reconfiguram o "centro" e a "periferia" nesse novo contexto?

3. Os territórios não são naturais, mas sim instituídos pelos sujeitos sociais que se realizam por meio deles. Sendo assim, a crise dos Estados Territoriais é a crise dos sujeitos que os instituíram e, ao mesmo tempo, traz em seu bojo outras territorialidades em potência que tanto podem ser emancipatórias como afirmadoras de uma ordem autoritária e opressora. Que processos e sujeitos instituintes é possível identificar na des-ordem mundial atual, apontando para novas conformações territoriais?

4. No efeito estufa, no mal da vaca louca, na gripe aviária, nos desequilíbrios hídricos, na perda generalizada de solos, na erosão genética temos a presença da intervenção do sistema técnico-científico moderno que, assim, deve ser visto também como parte do problema, ele que sempre é visto como solução. Que perspectivas ambientais podemos vislumbrar em termos de organização societária enquanto tivermos uma sociedade em que, segundo a ONU, os 20% mais ricos são responsáveis pelo consumo de 85% dos recursos naturais do planeta?

CONHEÇA OUTROS LANÇAMENTOS DA COLEÇÃO PARADIDÁTICOS UNESP

SÉRIE NOVAS TECNOLOGIAS
Da Internet ao Grid: a globalização do processamento
Sérgio F. Novaes e Eduardo de M. Gregores
Energia nuclear: com fissões e com fusões
Diógenes Galetti e Celso L. Lima
O laser e suas aplicações em ciência e tecnologia
Vanderlei Salvador Bagnato
Novas janelas para o universo
Maria Cristina Batoni Abdalla e Thyrso Villela Neto

SÉRIE PODER
O poder das nações no tempo da globalização
Demétrio Magnoli
A nova des-ordem mundial
Rogério Haesbaert e Carlos Walter Porto-Gonçalves
Diversidade étnica, conflitos regionais e direitos humanos
Tullo Vigevani e Marcelo Fernandes de Oliveira
Movimentos sociais urbanos
Regina Bega dos Santos
A luta pela terra: experiência e memória
Maria Aparecida de Moraes Silva

SÉRIE CULTURA
Cultura letrada: literatura e leitura
Márcia Abreu
A persistência dos deuses: religião, cultura e natureza
Eduardo Rodrigues da Cruz
Indústria cultural
Marco Antônio Guerra e Paula de Vicenzo Fidelis Belfort Mattos
Culturas juvenis: múltiplos olhares
Afrânio Mendes Catani e Renato de Sousa Porto Gilioli

SÉRIE LINGUAGENS E REPRESENTAÇÕES
O verbal e o não verbal
Vera Teixeira de Aguiar
Imprensa escrita e telejornal
Juvenal Zanchetta Júnior

SÉRIE EDUCAÇÃO
Educação e tecnologias
Vani Moreira Kenski
Educação e letramento
Maria do Rosário Longo Mortatti
Educação ambiental
João Luiz Pegoraro e Marcos Sorrentino
Avaliação
Denice Barbara Catani e Rita de Cassia Gallego

SÉRIE EVOLUÇÃO
Evolução: o sentido da biologia
Diogo Meyer e Charbel Niño El-Hani
Sementes: da seleção natural às modificações genéticas por intervenção humana
Denise Maria Trombert de Oliveira
O relacionamento entre as espécies e a evolução orgânica
Walter A. Boeger
Bioquímica do corpo humano: para compreender a linguagem molecular da saúde e da doença
Fernando Fortes de Valencia
Biodiversidade tropical
Márcio R. C. Martins e Paulo Takeo Sano
Avanços da biologia celular e molecular
André Luís Laforga Vanzela

SÉRIE SOCIEDADE, ESPAÇO E TEMPO
Os trabalhadores na História do Brasil
Ida Lewkowicz, Horacio Gutiérrez e Manolo Florentino
Imprensa e cidade
Ana Luiza Martins e Tania Regina de Luca
Redes e cidades
Eliseu Savério Sposito
Planejamento urbano e ativismos sociais
Marcelo Lopes de Souza e Glauco Bruce Rodrigues

SOBRE O LIVRO

Formato: 12 x 21 cm
Mancha: 20,5 x 38,5 paicas
Tipologia: Fairfield LH 11/14
Papel: Offset 75 g/m² (miolo)
Cartão Supremo 250 g/m² (capa)
1ª edição: 2006
9ª reimpressão: 2022

EQUIPE DE REALIZAÇÃO

Edição de Texto

Viviane Oshima (Copidesque)

Luciene Ap. Barbosa de Lima (Preparação de Original)
Marcelo D. de Brito Riqueti e Ruth Mitzuie Kluska (Revisão)

Editoração Eletrônica
Edmílson Gonçalves (Diagramação)